Susanne Viernickel / Petra Völkel

Beobachten und dokumentieren im pädagogischen Alltag

FREIBURG · BASEL · WIEN

Gedruckt auf umweltfreundlichem, chlorfrei gebleichtem Papier
Umschlaggestaltung: R·M·E Roland Eschlbeck/Rosemarie Kreuzer
Umschlagfoto: Hartmut W. Schmidt, Freiburg

Alle Rechte vorbehalten – Printed in Germany
© Verlag Herder Freiburg im Breisgau 2005
www.herder.de
Satz: Barbara Herrmann, Freiburg
Druck und Bindung: fgb · freiburger graphische betriebe 2005
www.fgb.de
ISBN 3-451-28421-9

Inhalt

Einleitung: Was Sie erwartet, wenn Sie dieses Buch lesen

Die Idee, Kinder zu beobachten, um sie zu verstehen ist nicht neu und als Erzieherin[1] tun Sie dies wahrscheinlich auch täglich, wenn Sie mit den Kindern Ihrer Gruppe spielen, sprechen und sich um sie kümmern. Deshalb wissen Sie in der Regel auch viel über die Kinder, die Sie betreuen. Sie können benennen, was die Kinder besonders gern tun und was ihnen Spaß macht; Sie haben einen Eindruck davon, was einzelne Kinder besonders gut können und Sie haben eine Idee davon, welche Kinder miteinander befreundet sind und häufig miteinander spielen. Andererseits sind Sie manchmal wahrscheinlich auch irritiert von dem, was die Kinder treiben. Sie fragen sich vielleicht „was das jetzt schon wieder soll?" und haben den Wunsch, es genauer zu verstehen. Außerdem möchten Sie natürlich dem gesetzlichen Bildungsauftrag von Kindertageseinrichtungen gerecht werden und jedes Kind in seiner Entwicklung so gut wie möglich fördern.

Mit diesem Buch möchten wir Ihnen Anregungen und Hinweise geben, wie Sie durch systematische Beobachtung und Dokumentation die Kinder ihrer Gruppe noch besser oder vielleicht auch ganz anders kennen lernen können. Dabei gehen wir davon aus, dass das, was Erwachsene an Kindern wahrnehmen, beeinflusst ist durch die Vorstellung, die sie vom kindlichen Lernen haben. Basierend auf Erkenntnissen der Pädagogik, der Entwicklungspsychologie und der Neurobiologie betrachten wir

---

[1] Auch wenn der Einfachheit halber im weiteren Text die weibliche Sprachform „Erzieherin" verwendet wird, sind natürlich auch alle männlichen Erzieher angesprochen.

Kinder grundsätzlich als Wesen, die mit dem Wunsch sich zu bilden auf die Welt kommen, deren Neugier und Bedürfnis die Welt zu verstehen keine Grenzen kennt, und die mit allen ihnen zur Verfügung stehenden Mitteln versuchen, die sie umgebende Welt zu erforschen. Aufgabe von Erwachsenen ist es unserer Meinung nach, diesem Forscherdrang der Kinder mit einem breiten Angebot an individuellen Bildungsmöglichkeiten zu begegnen. Um vor diesem Hintergrund die Bildungs- und Entwicklungsprozesse eines jeden Kindes möglichst optimal zu unterstützen und herauszufordern, ist unserer Ansicht nach die Beobachtung und Dokumentation kindlicher Bildungsprozesse unerlässlich. Die Beobachtung von Kindern betrachten wir als pädagogische Grundhaltung, denn nur durch jene Bildungsangebote, die auf die individuellen Interessen, Bedürfnisse und Wünsche der Kinder abgestimmt sind, ist ein Entwicklungsfortschritt zu erwarten.

Um Interessen, Bedürfnisse und Wünsche der Kinder zu verstehen, ist es notwendig, dass sich Erwachsene auf die kindliche „Weltsicht" einlassen. Das erste Kapitel dieses Buches beschäftigt sich deshalb damit, warum es wichtig ist und wie es gelingen kann, sich bei der Beobachtung in die Perspektive des Kindes zu versetzen, davon auszugehen, dass das Tun des Kindes für es selbst Sinn macht (auch wenn Erwachsene diesen Sinn nicht gleich verstehen), die subjektiven Absichten des Kindes zu erforschen und darauf aufbauend Angebote zu machen und Impulse zu setzen. Zum besseren Verständnis der kindlichen Weltsicht werden im ersten Kapitel einige typische Entwicklungsthemen von Kindern im vorschulischen Alter beschrieben.

In aktuellen Qualitätshandbüchern und in den Bildungsplänen der einzelnen Bundesländer wird der Beobachtung und Dokumentation kindlicher Bildungsprozesse als Element fachlichen Handelns große Bedeutung beigemessen. Das zweite Kapitel dieses Buches beschäftigt sich damit, welche Aufgaben und Kompetenzen von Erzieherinnen in Bezug auf die Beobachtung und Dokumentation hier erwartet werden und gibt Hinweise darauf, wie Sie sich Klarheit darüber verschaffen können, wo Ihre Einrichtung in dieser Hinsicht im Augenblick steht, was sie leisten sollte und was sie leisten möchte.

Wie es gelingen kann, die systematische Beobachtung von Kindern als pädagogisches Angebot in die alltägliche Praxis zu integrieren, thematisiert das dritte Kapitel. Es werden Überlegungen dazu angestellt, welche Chancen eine regelmäßige und reflektierte Beobachtungs- und Dokumentationspraxis für die Weiterentwicklung der pädagogischen Arbeit in der Einrichtung bieten kann und welcher zeitlichen und personellen Planung es dazu bedarf. Weiterhin finden Sie in diesem Kapitel, unter Bezugnahme auf Erkenntnisse aus der Wahrnehmungspsychologie und der Beobachtungsforschung, Informationen über mögliche Beobachtungsfehler und wie man sie vermeiden kann.

Kernstück des Buches ist das vierte Kapitel, in dem wir Ihnen acht unterschiedliche Verfahren zur systematischen Beobachtung und Dokumentation unterschiedlicher Aspekte kindlicher Entwicklungs- und Bildungsprozesse präsentieren. Sie finden in diesem Kapitel zunächst Verfahren, die sich mit der Beobachtung kindlicher Entwicklungsverläufe in verschiedenen Entwicklungsbereichen befassen (Kuno Bellers Entwicklungstabelle, „Grenzsteine der Entwicklung"). Das Verfahren der „Sieben Intelligenzen" regt an zu beobachten, welche speziellen Kompetenzen Kinder nutzen, um sich auf ihre ganz individuelle Art und Weise die Welt anzueignen. Eine ähnliche Blickrichtung findet sich im „Baum der Erkenntnis", der jedoch den kindlichen Kompetenzerwerb darüber hinaus in einen Zusammenhang mit gesellschaftlichen Werten und Zielen stellt. Die Beobachtung des Sprachverhaltens und des Interesses an Sprache bei Migrantenkindern im Kindergarten wird Ihnen durch das Verfahren „Sismik" ermöglicht. Mit der „Leuvener Engagiertheitsskala" können Sie sowohl beobachten, wofür sich Kinder besonders interessieren, als auch feststellen, ob ihre pädagogischen Angebote den „Bildungsnerv" der Kinder treffen. Das Verfahren „Beobachtung und fachlicher Diskurs zu den Themen der Kinder" bietet Ihnen die Möglichkeit, zu beobachten, womit sich die Kinder inhaltlich auseinander setzen. Am Schluss des Kapitels finden Sie mit dem Soziogramm ein Verfahren beschrieben, das Ihnen hilft, sich mit Gruppenstrukturen unter Kindern auseinander zu setzen.

Alle vorgestellten Verfahren gehen von einem modernen Kindbild aus, das heißt, sie sehen das Kind als einen aktiven Gestalter seiner eigenen Entwicklung an und berücksichtigen, dass es sein Wissen und seine Kenntnisse über die Welt durch die eigenen Handlungen und Erfahrungen gewinnt. Für jedes beschriebene Verfahren finden Sie Hinweise darauf, welche Erkenntnisse damit gewonnen werden können, wo der Beobachtungsfokus liegt, wie die Beobachtung dokumentiert und ausgewertet wird, wofür die gewonnenen Erkenntnisse eingesetzt werden können, welcher Voraussetzungen es bedarf, um mit dem jeweiligen Verfahren zu beobachten, und wo Sie weitere Informationen und Anregungen dazu finden können. Darüber hinaus beschreiben wir im fünften Kapitel drei Beispiele guter und umfassender Beobachtungspraxis. Es handelt sich dabei um ein Konzept aus England („Pen Green"), ein Konzept aus Neuseeland („Learning Stories") und ein Konzept, das in Deutschland entwickelt und erprobt wird („10-Stufen-Projekt-Bildung"). In diesen Konzepten werden verschiedene Beobachtungsverfahren aufeinander abgestimmt eingesetzt, um die Lern- und Bildungsgeschichten von Kindern in ihrer Gesamtheit und ganzen Vielfalt zu erfassen.

Damit Beobachtungen zur Reflexion der eigenen pädagogischen Arbeit und zur Entwicklung individueller pädagogischer Angebote genutzt werden können, müssen sie dokumentiert und analysiert werden. Die im vierten Kapitel vorgestellten Beobachtungsverfahren bieten dazu Hilfen in Form von Beobachtungs- und Einschätzbögen an. Darüber hinaus finden Sie im sechsten Kapitel Hinweise, wie und warum auch spontane Beobachtungen dokumentiert und analysiert werden sollten, welche Möglichkeiten die Dokumentation durch Fotografien und Videoaufnahmen bietet und welche Vorteile ein Portfolio für die systematische Dokumentation kindlicher Bildungsprozesse und darauf aufbauender pädagogischer Angebote hat.

1 Beobachten als pädagogische Grundhaltung

Die Erzieherin Anja arbeitet in einer altersgemischten Gruppe, mit Kindern im Alter zwischen zwei und fünf Jahren. Heute ist ein besonders schöner Tag und die Kinder möchten in den Garten gehen. Nach dem Frühstück ziehen sie sich ihre Schuhe und Jacken an. Die beiden fünfjährigen Jungen Lukas und Markus sind schnell fertig und die Erzieherin erlaubt ihnen, schon vorauszugehen. Sie weiß, dass sie sich auf die beiden großen Jungen verlassen kann. Auch der dreijährige Simon ist bereits angezogen. Lautstark fordert er das gleiche Recht ein, wie die beiden älteren Jungen. Er möchte gemeinsam mit ihnen in den Garten gehen. Die Erzieherin Anja überlegt einen kurzen Augenblick und stimmt dann zu. An Lukas und Markus gewandt sagt sie: „Achtet ein bisschen auf unseren Kleinen." Zu dritt machen sich die Jungen auf den Weg.

Zehn Minuten später kommt auch die Erzieherin Anja mit den restlichen Kindern der Gruppe in den Garten. Sie hält Ausschau nach Lukas, Markus und dem kleinen Simon. Als sie die Drei entdeckt, bleibt ihr fast der Atem stehen. Lukas und Markus wälzen sich im Sandkasten, halb unter ihnen begraben entdeckt sie den dreijährigen Simon. Der versucht ganz offensichtlich, sich aus der Umklammerung durch die beiden älteren Jungen zu befreien. Empört läuft die Erzieherin auf das Kinderknäuel zu und ruft dabei: „Lukas! Markus! Das kann ja wohl nicht wahr sein! Sofort lasst ihr den Simon los!" Lukas und Markus heben erstaunt die Köpfe, sehen die Erzieherin, stehen auf und grinsen verlegen. Auch Simon rappelt sich auf. Gerade will die Erzieherin anfangen, die älteren Jungen zur Rechenschaft zu ziehen, da läuft Simon strahlend auf sie zu und erklärt freudig erregt: „Anja, Anja, wir spielen verkloppen!"

Was hier aus der Sicht der verschiedenen Beteiligten passiert ist, und welche Bedeutung eine Beobachtung durch die Erzieherin in einer solchen Situationen haben kann, wollen wir im Folgenden betrachten.

1.1 Von der subjektiven Wahrnehmung zum Perspektivenwechsel

Beobachtung hat etwas mit Wahrnehmen zu tun. Was Erwachsene im Bezug auf Kinder wahrnehmen, interpretieren und bewerten sie in der Regel subjektiv und vor dem Hintergrund ihrer eigenen Erfahrungen, Wertvorstellungen und Erziehungsziele.

Auch die Erzieherin Anja hat das Verhalten der drei Jungen mit dem Blick einer Erwachsenen wahrgenommen und interpretiert. Als sie in den Garten kommt, sieht sie drei sich prügelnde Jungen. Sofort geht sie davon aus, dass es zwischen den dreien einen Streit gegeben hat. Die Tatsache, dass die Jungen ihren Streit sozusagen „mit den Fäusten" regeln, findet sie überhaupt nicht gut. Wie oft hat sie den Kindern schon gesagt: „Redet miteinander". Außerdem ist die Erzieherin maßlos enttäuscht von ihren beiden Großen. Da lässt sie die beiden einmal für zehn Minuten allein und schon geht alles schief. Der Verantwortung, die sie Lukas und Markus für den kleinen Simon aufgetragen hat, sind sie allem Anschein nach nicht gerecht geworden. Anstatt auf ihn aufzupassen, nutzen sie ihre Überlegenheit aus und tun ihm weh. Die Reaktion der Erzieherin ist von Empörung geprägt. Das, was sie wahrnimmt, löst Wut und Enttäuschung in ihr aus. Auf der Grundlage ihrer Wahrnehmung und ihrer Emotionen will die Erzieherin den beiden großen Jungen Lukas und Markus nun sagen, was sie von ihnen und ihren Handlungen hält.

Umso erstaunlicher verhalten sich die Jungen. Lukas und Markus reagieren zwar verlegen, als die Erzieherin sie mit Namen ruft, schuldbewusst wirken sie jedoch nicht.

Zur Verblüffung der Erzieherin klärt Simon die Situation auf. Er hat von der Empörung der Erzieherin gar nichts mitbekommen. Umso mehr freut er sich, ihre Aufmerksamkeit zu besitzen, weil er ihr nun erzählen kann, was für tolle Sachen er in den letzten zehn Minuten erlebt hat. In diesem Moment wird auch der Erzieherin deutlich, dass sie die Situation mit ganz anderen Augen gesehen hat, als sie von den Kindern gemeint war. Die Kinder haben sich zwar tatsächlich geprügelt, aber nicht, weil sie miteinander in Streit geraten sind, oder weil die Großen dem Kleinen zeigen wollten, „wo es langgeht". Aus der Sicht der Kinder hat es sich ganz eindeutig um ein Spiel gehandelt. Sie hatten Spaß miteinander und sind sich auch nach dieser mutmaßlichen „Prügelei" freundlich gesinnt.

Natürlich handelt es sich bei der Reaktion, die die Erzieherin gegenüber den Kindern an den Tag legt, um ein nur zu verständliches Verhalten. Welcher Erwachsene würde nicht eingreifen, wenn er prügelnde Kinder sieht, für die er die Verantwortung trägt! Natürlich ist es die Aufgabe der Erzieherin, darauf zu achten, dass sich die Kinder nicht gegenseitig verletzen. Andererseits ist es auch ihre Aufgabe, den Kindern Bildungsmöglichkeiten bereitzustellen und sie in ihrer Bildungsfähigkeit zu unterstützen. Manchmal ist es deshalb hilfreich, sich nicht augenblicklich von den eigenen Reaktionen überwältigen zu lassen und allzu spontan zu reagieren. Es lohnt sich häufig kurz innezuhalten, die Situation mit den Augen der Kinder zu betrachten und sich zu fragen: „Was tun die Kinder denn da?" Vielleicht wäre der Erzieherin aufgefallen, dass die Kinder miteinander lachen und durchaus fröhlich wirken. Ihre Reaktion wäre dann sicher anders ausgefallen.

1.2 Einstellung gegenüber dem Kind

Unsere drei Jungen aus dem Beispiel verprügeln sich also nicht wirklich, sondern tun nur so, als ob. Bei genauerem Hinsehen könnte man fast auf die Idee kommen, bei der Szene handle es sich um eine Art „Schmusestunde". Was für einen Sinn macht das Ganze aber, was könnte es mit Bildung zu tun haben? Nicht immer ist es für Erzieherinnen leicht zu verstehen, was Kinder tun und welchen Sinn ihr Tun hat. Die Art und Weise, wie Kinder miteinander oder mit Gegenständen umgehen, wirkt auf Erzieherinnen manchmal unangemessen und erscheint unverständlich. Wie unser Beispiel zeigt, behandeln Kinder in ihren Aktivitäten aber durchaus nicht immer nur das, was oberflächlich sichtbar ist. Nicht wechselseitige Aggression ist hier das Thema der Kinder, sondern viel eher der enge, körperliche Kontakt und das Ausprobieren der eigenen Kräfte. Aber auch wenn Erzieherinnen die Aktivitäten, Interessen oder Themen der Kinder nicht immer gleich und manchmal auch gar nicht entschlüsseln können, ist davon auszugehen, dass Kinder etwas lernen, wenn sie sich für etwas engagieren, wenn sie ganz und gar bei der Sache sind.

Kinder sind aktive Gestalter ihrer Entwicklungs- und Bildungsprozesse. Bildung geschieht somit von Anfang an. Mit der Geburt sind Kinder mit einem Aneignungsbedürfnis und entsprechenden Fähigkeiten ausgestattet, die ihnen dazu verhelfen, sich selbst im Rahmen ihrer von der Umwelt angebotenen Möglichkeiten zu entwickeln und zu bilden. Bildungsfördernde pädagogische Angebote sollten es den Kindern daher ermöglichen, ihre Themen zu bearbeiten, sich mit ihren Interessen, Wünschen und Bedürfnissen auseinander zu setzen und in anregender Weise herausgefordert zu werden. Dieser Gedanke vom kindlichen Lernen beziehungsweise von kindlicher Bildung ist nicht neu. Schon bei den Reformpädagogen findet man ihn, z. B. in der Montessori- und Freinet-Pädagogik (vgl. dazu Voß-Rauter 1999, Klein & Vogt 1998), die Reggio-Pädagogik greift ihn auf (Dreier 1993), die Entwicklungspsychologie verfolgt ihn und jüngste Erkenntnisse der Neurobiologie bestätigen ihn.

Erkenntnisse der konstruktivistischen Entwicklungspsychologie

In der Entwicklungspsychologie findet sich die Vorstellung vom aktiven und selbsttätigen kindlichen Lernen bereits seit den 20er-Jahren des 20. Jahrhunderts in den Theorien der geistigen Entwicklung des Entwicklungspsychologen Jean Piaget wieder. Piaget beschreibt einen Erkenntnisprozess, der nicht passiver Natur ist, sondern ein Kind voraussetzt, das sein Wissen selbst *konstruiert*. „In aktiver Auseinandersetzung mit Gegebenheiten, mit selbstgeschaffenen oder vorgegebenen Fragen und Problemen schafft sich der Mensch seine Strukturen des Handelns und Erkennens." (Montada 2002, S. 440) Piaget spricht von „kognitiven Konflikten", denen Kinder immer wieder ausgesetzt sind, wenn ihre vorhandenen Strukturen für eine Erklärung der Welt nicht ausreichen. Einen solchen Konflikt erleben Kinder insbesondere dann, wenn sie mit anderen interagieren und in dieser Interaktion Widersprüchliches und Gegensätzliches erfahren. Die Erkenntnismöglichkeiten des Kindes stehen demzufolge in einem Austausch mit den Erfahrungen, die seine soziale Umwelt ihm anbietet. Im Bereich der Sozialentwicklung sind es nach Piaget vor allem die gleichaltrigen Spielpartner, die es dem Kind ermöglichen, unterschiedliche Standpunkte zu erkennen, zu verstehen und miteinander zu vergleichen und dadurch das eigene Verständnis von der Welt durch ein qualitativ anderes zu ersetzen.

Seine Erkenntnisse über die kindliche Entwicklung sammelte Piaget nicht zuletzt durch die *Beobachtung* seiner eigenen drei Kinder. Für Erzieherinnen, die das frühkindliche Lernen auf der Grundlage von Beobachtungen ermöglichen und herausfordern wollen, erscheint es wichtig, einige kindliche Entwicklungsschritte zu kennen, um die Aktivitäten der Kinder zu verstehen und ihre Angebote daran auszurichten.

Ähnlich wie Piaget argumentierte in den 20er-Jahren auch der russische Vertreter der kulturhistorischen Schule Lew Wygotski. Wygotski betrachtete den einzelnen Menschen als aktiven Gestalter seiner Entwicklung, der sich die kulturellen Inhalte seiner Gesellschaft aneignet und infolgedessen zum Mitglied der Kultur wird. In der Interaktion mit kompetenteren Partnern werden dem Kind Bedeutungen der gegenständlichen und der sozialen Welt verfügbar gemacht. Der Sozialisationsprozess besteht allerdings nicht darin, dass das Kind die Bedeutung der Erwachsenen einfach übernimmt. Wygotski betont, dass sich der Sozialisationsprozess im praktischen Handeln des Kindes vollzieht. Besonders förderlich ist es für das Kind, wenn Erwachsene in der „Zone der nächsten Entwicklung" mit ihm interagieren. Die „Zone der nächsten Entwicklung" ist unmittelbar über dem aktuellen Entwicklungsstand des Kindes angesiedelt und bezeichnet jenen Entwicklungsbereich, den sich das Kind als Nächstes aneignen wird. Um in dieser Zone mit dem Kind zu interagieren, muss der kompetentere Partner dazu in der Lage sein, zu erkennen, auf welchem Niveau er dem Kind die notwendige Unterstützung gewähren muss. Diese Erkenntnis kann sich eine Erzieherin durch die *Beobachtung* der Kinder aneignen.

Erkenntnisse aus der Neurobiologie

Jüngste Bestätigung findet das Bild vom eigenaktiven, sich selbst bildenden Kind durch neurobiologische Erkenntnisse. Die Neurobiologie untersucht den Zusammenhang zwischen dem Aufbau neuronaler Verbindungen im menschlichen Gehirn und den durch die Außenwelt gegebenen Erfahrungsmöglichkeiten. „Wer Lernen für einen passiven Vorgang hält, der sucht nach dem richtigen Trichter. Wer aber lernen als eine Aktivität versteht, wie beispielsweise das Laufen oder das Essen, der ... denkt über Rahmenbedingungen nach, unter denen diese Aktivität am besten stattfinden kann." (Spitzer 2002, S. 4)

Die Neurobiologie verweist weiter darauf, dass Lernerfahrungen individuelle Prozesse sind. „Eine sichere Schlussfolgerung ist, dass kein Kind dem anderen gleichen kann, und das gilt auch für eineiige Zwillinge, weil im Laufe der Entwicklung eine riesige Zahl von Verzweigungen durchlaufen werden müssen und Entscheidungen darüber, welche Gabelung gewählt wird, oft von kleinen, mitunter zufälligen Fluktuationen der Umgebungsbedingungen abhängen. Ferner gibt es gewaltige interindividuelle Unterschiede in der Entwicklungsgeschwindigkeit, selbst zwischen Geschwistern." (Singer 2001) Auf Grund der unterschiedlichen Anlagen und Entwicklungsgeschwindigkeiten von Kindern ist kaum damit zu rechnen, dass alle Kinder gleichen Alters auch gleiche Bedürfnisse haben und gleiche Fähigkeiten besitzen. Außerdem wird in der Neurobiologie davon ausgegangen, dass es im Leben von Menschen so genannte „Zeitfenster" für den Erwerb bestimmter Fähigkeiten und Fertigkeiten gibt. Damit die jeweiligen Zeitfenster für Lernerfahrungen genutzt werden, ist Kindern ein Experimentierverhalten angeboren. Kinder sind in aller Regel genügend neugierig und wissbegierig und holen sich, was sie brauchen. Dennoch ist es unerlässlich, dass den Kindern Erfahrungsangebote durch die Umwelt bereitgestellt werden, denn ein Entzug von Erfahrungen bringt den gesamten Entwicklungsprozess zum Stillstand.

Um Kindern Lernmöglichkeiten zu eröffnen, sollten Erzieherinnen die Fragen und die anstehenden Entwicklungsschritte der Kinder erspüren und ihre Umgebung so gestalten, dass die Kinder diese nächsten Schritte mit Erfolg gehen können. Dabei misst auch die Neurobiologie der *Beobachtung* eine entscheidende Rolle zu. „Da bislang nur wenige experimentelle Daten darüber vorliegen, wann das menschliche Gehirn welche Informationen benötigt, ist es wohl die beste Strategie, sorgfältig zu beobachten, wonach die Kinder fragen." (Singer 2001) Dabei ist es hilfreich, nicht nur danach zu schauen, was die Kinder momentan gerade tun, sondern sich darüber hinaus zu fragen, was sie gerne tun würden, womit sie sich gerne auseinander setzten würden. „Wahrscheinlich sind in diesem Zusammenhang Beobachtungen besonders wertvoll, die zeigen, wann Kinder den Erwartungen von Erwachsenen nicht entsprochen, *unerwartet* reagiert und sich *ungewöhnlich* verhalten haben." (Strätz 2003, S. 212)

Konsequenzen für die pädagogische Praxis

Welche Konsequenzen haben nun die oben beschriebenen Theorien und Erkenntnisse für die pädagogische Praxis? Zum einen ist davon auszugehen, dass das, was das Kind engagiert und freudig tut, für das Kind Sinn macht, auch wenn Erzieherinnen diesen Sinn zunächst nicht verstehen beziehungsweise entschlüsseln können. Aufgabe der Erzieherin ist es, das Kind in seinen Aktivitäten, Interessen, in der Sinnhaftigkeit seines Tuns ernst zu nehmen. Das Kind lernt in diesen Situationen etwas, es bildet sich selbst. Zum anderen braucht das Kind für seine Selbstbildungsprozesse aber auch Erzieherinnen, die ihm Aufmerksamkeit schenken, die ihm gegenüber achtsam reagieren und die ihm gegenüber eine neugierig-respektvolle Haltung einnehmen.

Bezogen auf unser Beispiel oben könnte die Erzieherin Anja einen Moment abwarten, bevor sie eingreift. Sie könnte innehalten und das Verhalten der beiden älteren Jungen, denen sie ja vor zehn Minuten noch vertraut hat, auf sich wirken lassen. Vielleicht käme sie dann zu anderen Schlüssen als denen, die sie in ihrer spontanen Reaktion gezogen hat.

1.3 Beschreibung der kindlichen Handlungen

Wenn Erzieherinnen etwas darüber wissen möchten, womit sich Kinder intensiv beschäftigen, was sie interessiert und wofür sie sich engagieren, kann es nicht bei den spontanen Alltagsbeobachtungen bleiben. Für gezielte pädagogische Angebote, die auf die Themen der Kinder eingehen, sie erweitern und Impulse für neue Themen setzen, macht es Sinn, gezielt und regelmäßig einzelne Kinder oder Gruppen von Kindern zu beobachten. Dabei ist es notwendig, nicht sofort zu interpretieren, was man sieht. Jede Beobachtung sollte mit einer Beschreibung der kindlichen Handlungen beginnen, die zunächst wertfrei und ohne Deutungen erfolgt. Erst durch die möglichst genaue und konkrete Beschreibung dessen, was Kinder tun oder sagen, können sich Erzieherinnen einen Zugang dazu verschaffen, wie Kinder die Welt sehen und verstehen. Sie versetzen sich quasi in die Perspektive der Kinder und versuchen, mit deren Augen die Lebenswelt zu betrachten. Darüber hinaus kann die schriftliche Beschreibung dessen, was man wahrnimmt, als Erinnerungsstütze dienen und als Grundlage für den kollegialen Austausch über die Situation, die beobachtet wurde. Kommen wir zu unserem oben eingeführten Beispiel zurück. Nehmen wir an, die Erzieherin Anja hätte nicht spontan eingegriffen, sondern sich vorgenommen, die drei Jungen einmal genauer zu beobachten. Wie könnte dann eine Beschreibung dieser Beobachtung aussehen? Die Erzieherin Anja notiert:

Der kleine Simon liegt bäuchlings im Sandkasten. Über ihm liegen die älteren Jungen Lukas und Markus. Lukas umschlingt mit seinen Armen Simons Hüfte, Markus hält Simons Beine fest. Simon versucht sich zu befreien. Dabei lacht er und ruft: „Gleich hab' ich's!" Lukas und Markus schauen einander verschwörerisch an. Lukas lockert den Griff um Simons Hüfte. Simon gelingt es nun, sich zu drehen und Lukas abzuwerfen. Er gibt ein triumphierendes

„Ha!" von sich. Lukas grinst Markus an, er kniet sich hin, schnappt sich Simons Arme und hält diese fest. Markus fragt Simon: „Und nun?" Simon reagiert unwillig: „Ach Mann." Obwohl er heftig mit den Beinen und den Armen zappelt, kann er sich nicht befreien. Simon lacht nicht mehr, sondern wirkt angestrengt und ein bisschen sauer. Fast gleichzeitig stehen Lukas und Markus auf, halten dabei Simons Arme und Beine fest und beginnen ihn zu schaukeln. Nun freut sich Simon offensichtlich wieder. Als die älteren Jungen ihn auf den Boden legen, ruft er sofort: „Nochmal!" Lukas und Markus lassen sich darauf ein und schaukeln Simon erneut. Dann legen sie ihn in den Sandkasten, laufen weg und verstecken sich hinter einem Busch. Simon steht auf, klopft sich den Sand von der Kleidung und schaut sich um. Als er die beiden älteren Jungen nicht entdecken kann, holt er sich eine Schippe und einen Eimer und fängt mit dem gleichaltrigen Sven an zu buddeln.

Hier beendet die Erzieherin Anja ihre Beobachtung und steckt ihre Notizen in die Tasche. Das Aufschreiben hat ihr dabei geholfen, aufmerksam und genau hinzuschauen. Im Moment hat sie keine Zeit, weiter darüber nachzudenken. In der nächsten Teambesprechung wird sie ihre Notizen jedoch ihren beiden Kolleginnen vorlesen und gemeinsam mit ihnen versuchen herauszufinden, was genau zwischen den drei Jungen vor sich gegangen ist.

1.4 Erforschen der subjektiven Absichten der Kinder und erste Deutungen

Bleiben wir zunächst bei unserem Beispiel. In der Teambesprechung holt die Erzieherin Anja ihre Beobachtungsnotizen hervor und berichtet ihren Kolleginnen Folgendes:

„Seit einiger Zeit habe ich den Eindruck, dass der Lukas, der Markus und der Simon aus meiner Gruppe sich ganz gut leiden können, obwohl der Simon doch viel jünger ist als die anderen beiden Jungen. Gestern wollte ich mal sehen, was die drei so miteinander anstellen. Ich hatte ihnen erlaubt, gleich nach dem Frühstück schon voraus in den Garten zu gehen. Als ich dann mit den anderen Kindern nachgekommen bin, habe ich erst mal einen Schreck bekommen. Der Simon lag im Sandkasten und Lukas und Markus über ihm. Irgendwie wirkte das Ganze aber nicht sehr bedrohlich und deshalb habe ich mich entschlossen, erst einmal abzuwarten und zu beobachten."

Die Erzieherin Anja liest ihren Kolleginnen ihre Notizen vor und gemeinsam versuchen sie zu ergründen, was die Situation bedeuten könnte, was das Thema der Kinder ist, welche Absichten die einzelnen Kinder verfolgen. Sie kommen dabei zu folgendem Schluss: Simon findet es ganz wunderbar, wenn er mit den beiden älteren Jungen zusammen spielen darf. Er liebt es, von ihnen Aufmerksamkeit und Anerkennung zu bekommen. Er fühlt sich dann richtig wie ein „Großer". Nicht immer versteht Simon das, was Lukas und Markus spielen, aber die Spiele der älteren Jungen fesseln ihn und fordern ihn zum Nachdenken heraus.

Obwohl auch die beiden älteren Jungen den kleinen Simon mögen, spielen sie doch nicht immer gern mit ihm. Für manche Spiele finden sie ihn einfach zu klein. Er stört und behindert sie, weil er so Vieles noch nicht versteht. Manchmal ist es aber auch ganz lustig mit ihm. Gegenüber dem kleinen Simon kommen sich Lukas und Markus eindeutig überlegen vor.

Bei der Szene im Sandkasten möchte Simon den beiden älteren Jungen zeigen, dass er mithalten kann. Er versucht, seine körperlichen Kräfte unter Beweis zu stellen. Vielleicht heißt „gleichstark" für Simon „gleichberechtigt". Das Spiel im Sandkasten hat für Simon also durchaus einen ernsten Hintergrund. Er versucht durch körperliche Aktivität herauszufinden, wie er zu den älteren Jungen steht. Als er sich fast befreien kann, hat er den Eindruck, dazuzugehören.

Lukas und Markus nehmen Simon wahrscheinlich nicht wirklich ernst. Weil sie ihn jedoch mögen, wollen sie ihm das Gefühl geben, er hätte eine Chance, sich aus ihrer Umklammerung zu befreien. Gleichzeitig haben sie selbst dadurch aber auch das Gefühl, die Situation zu kontrollieren. Sie wissen, dass sie stärker sind als Simon. Wenn sie ihren Griff lockern, wissen sie, dass er denkt, er wäre genauso stark wie sie. Als sie ihn an Armen und Beine festhalten, bemerken sie, dass er sich hilflos fühlt und ärgerlich wird. Damit die Situation nicht im Streit endet, bereiten Lukas und Markus dem jüngeren Simon eine Freude und schaukeln ihn. Damit demonstrieren sie jedoch auch, dass sie die Stärkeren und Wissenderen sind.

Auch aus entwicklungspsychologischer Sicht ist das, was die drei Jungen tun, zu erklären. Simon thematisiert wahrscheinlich einen Aspekt aus der Moralentwicklung: Das Prinzip der Gleichheit. Deshalb legt er sehr viel Wert darauf, sich als ebenso stark zu empfinden wie die beiden älteren Jungen. Als er bemerkt, dass dem nicht so ist, frustriert ihn das. Lukas und Markus üben sich in ihrer Fähigkeit der Perspektivenübernahme. Sie machen nicht einfach nur, was ihnen selbst Spaß macht, sondern berücksichtigen auch, wie Simon sich in der Situation fühlt, was er sich wünscht, was seine Interessen sind. Lukas und Markus orientieren sich in ihren Handlungen daran und haben eine Vorstellung davon, wie Simon reagieren wird, wenn sie ihn loslassen (da wird er sich freuen), ihn festhalten (darüber wird er sich ärgern) oder ihn schaukeln (das wird ihm Spaß machen).

Kleiner Ausflug in die Entwicklungspsychologie

Um herauszufinden, warum Kinder etwas machen, welches Thema sie gerade beschäftigt, wofür sie sich engagieren und was sie herausfordert, sind Kenntnisse über aktuelle Erfahrungen des Kindes ebenso wichtig und hilfreich wie Kenntnisse über die kindliche Entwicklung und altersspezifische Entwicklungsschritte. Im Folgenden werden einige dieser Entwicklungsschritte für Kinder im vorschulischen Alter exemplarisch thematisiert. Zur Erläuterung der Entwicklungsschritte werden absichtlich Situationen gewählt, in denen sich Kinder aus der Sicht von Erwachsenen merkwürdig oder nicht angemessen verhalten. Diese Situationen sind wahrscheinlich den meisten Erwachsenen, die mit Kindern umgehen, hinlänglich bekannt. Was jedoch oft wenig Berücksichtigung findet ist die Tatsache, dass Kinder all diese merkwürdigen und unangemessenen Dinge tun, um etwas zu lernen, um sich zu bilden.

Kinder lernen die Welt zu verstehen, indem sie aktiv handelnd mit ihr umgehen

Von Geburt an beginnen Kinder damit, die Welt zu entdecken und mit Bedeutung zu versehen. Sie müssen beispielsweise herausfinden, wie sich die gegenständliche Welt von der sozialen Welt unterscheidet und sie müssen herausfinden, wie sich Gedanken und Dinge zueinander verhalten. Die Art und Weise, wie Kinder versuchen, die Welt zu begreifen, ist gerade in den ersten Lebensjahren eng mit Handlung verknüpft. Wenn kleine Kinder einen Apfel in die Hand nehmen, dann schauen sie ihn an, riechen daran und beißen hinein. Zum Erstaunen mancher Erwachsener rollen sie den Apfel aber auch über den Boden oder werfen ihn durch den Raum. Ebenso verhalten sie sich, wenn man ihnen einen Schaumstoffball gibt. Kleine Kinder kennen zunächst den Unterschied zwischen einem Apfel und einem Ball noch nicht. Sie erfahren jedoch, dass Erwachsene in der Regel nicht erfreut sind, wenn sie mit Äpfeln werfen oder das Ausspucken verlangen, wenn sie in den Schaumstoffball beißen. Nun fangen die Kinder an zu begreifen, dass es runde Dinge zum Essen und runde Dinge zum Rollen gibt.

Sobald Kinder selbstständig sitzen und beide Arme frei bewegen können, fangen sie an, immer wieder Gegenstände auf den Boden zu werfen, wenn sie im Hochstuhl oder im Kinderwagen sitzen. Je nach Gleichmut und körperlicher Fitness heben Erwachsene diese Gegenstände mehr oder weniger oft auf und geben sie dem Kind zurück. Gleich darauf wirft das Kind den Gegenstand jedoch wieder weg und schimpft, wenn es ihn nicht zurückbekommt. Zum einen wird daran deutlich, dass das Kind bereits erkannt hat, dass Dinge weiter existieren, auch wenn es sie nicht mehr sieht. Dieses Wissen ist durchaus nicht ab der Geburt vorhanden, sondern Kinder erwerben es in den ersten Lebensjahren. Zum anderen überprüfen Kinder in diesem Spiel die Regel, ob Dinge wirklich immer hinunterfallen und nicht hinauf. Sie entdecken das Gesetz der Schwerkraft. Vielleicht übt deshalb auch der Luftballon, der losgelassen in den Himmel fliegt, eine solch große Faszination auf Kinder aus, weil er eine Ausnahme von der Regel bildet.

Das selbstständige „sich bewegen können" eröffnet dem Kind neue Lernmöglichkeiten

In den ersten beiden Lebensjahren gewinnen Kinder durch ihre zunehmenden motorischen Fähigkeiten immer mehr Möglichkeiten, die Welt zu erkunden. Motorische Fähigkeiten sind häufig die Voraussetzung für intellektuelle und soziale Entwicklungsschritte. Wenn das Kind krabbeln oder laufen gelernt hat, kann es auf Menschen und Dinge von selbst zugehen und muss nicht mehr darauf warten, dass diese zu ihm kommen oder ihm gebracht werden. Nun fängt das Kind aber vielleicht auch damit an, ein Regal voller Gesellschaftsspiele auszuräumen und sich selbst hineinzulegen. Ein anderes Mal läuft es zu einem Kind und zieht dieses so fest an den Haaren, dass es schreit. Bei nächster Gelegenheit schiebt es einen Tisch vor das Regal, stellt einen Stuhl auf den Tisch, klettert selbst auf diesen Stuhl und hangelt mit dem Arm nach dem kaputten Spielzeugauto ganz oben im Regal. Auch wenn diese Verhaltensweisen aus Sicht der Erwachsenen nicht erwünscht sind oder vielleicht sogar für gefährlich gehalten werden, macht das kleine Kind doch die Erfahrung, dass es durch seine eigenen Handlungen etwas bewirken und erreichen kann, Räume verändern und gestalten kann, Reaktionen bei anderen hervorrufen kann und selbst gestellte Aufgaben bewältigen kann.

Das Kind beginnt die Dinge zu verstehen, indem es sich seine eigene Ordnung schafft

Bereits ab dem Alter von etwa sechs Monaten beginnen Kinder Gegenstände zu sortieren. Allerdings tun sie das nicht immer im Sinne der Erwachsenen. Beim Aufräumen legt ein zweijähriges Kind vielleicht die Bausteine nicht in den Bausteinkasten, die Teller vom Puppengeschirr nicht in die Puppenküche und die Spielzeugautos nicht in die Autokiste, sondern räumt stattdessen alle roten Bausteine, Teller und Autos in die rote Kiste, alle blauen Bausteine, Teller und Autos in die blaue Kiste und alle gelben Bausteine, Teller und Autos in die gelbe Kiste. Dies bedeutet jedoch nicht, dass es noch nicht in der Lage wäre, Ordnung zu halten. Es bedeutet lediglich, dass das Kind nicht den Ordnungssystemen der Erwachsenen folgt, sondern seine eigenen Ordnungssysteme entwickelt und erprobt, um etwas zu lernen. In unserem Beispiel ist das Kind dabei, die Grundfarben zu erlernen. In anderen Experimenten dieser Art lernt es etwas über Mengen und Größen oder über Statik, beispielsweise wenn es aus Bilderbüchern ein Haus baut, anstatt sie sich anzuschauen, oder wenn es aus Stühlen einen Turm errichtet, anstatt sie ordentlich um den Tisch zu stellen.

Auch im Bezug auf die Dinge der Natur entwickelt das Kind

eigene Ideen. Viele Kinder erklären Naturphänomene ganz anders als Erwachsene. Sie sagen: „Ich geh nicht in den Garten. Da ist die Sonne und die will mich ärgern. Sie blitzt mir immer in die Augen." Oder sie behaupten: „Pferde sind schneller als Autos, das ist ganz klar. Neulich habe ich auf einem Pferd gesessen und musste mich ganz doll festhalten, damit ich nicht runterfalle. Aus dem Auto bin ich aber noch nie gefallen, obwohl ich mich gar nicht festhalte. Also sind Pferde schneller als Autos." Diese Erklärungen der natürlichen Welt sind nicht nur fantasievoll, sondern sie erzählen etwas vom Denken der Kinder. Kinder erklären sich die physikalische und biologische Welt auf Grund ihrer alltäglichen Erlebnisse und ihrer Erfahrungen mit anderen Menschen. Das hilft ihnen, sich in der Welt zurechtzufinden. Und im Übrigen unterscheiden sich hierin viele Kinder nicht von Erwachsenen, wenn diese beispielsweise als eher unwissende Laien die Vorstellung entwickeln, dass der Strom als dünnes gelbes Rinnsal durch die Leitungen fließt.

Die Nachahmung hilft Kindern, die Welt zu verstehen

Die kindliche Nachahmung erscheint wünschenswert, wenn Kinder nur das nachahmen würden, was Erwachsene als sinnvoll und angemessen erachten. Gegen kleine Kinder, die ruhig und gesittet am Tisch sitzen, weil sie sehen, wie sich Erwachsene bei Tisch benehmen oder Kinder, die der Erzieherin beim Aufräumen helfen, haben Erwachsene in der Regel nichts einzuwenden. Aber Kinder ahmen eben nicht nur diese Verhaltensweisen nach, sondern alles Mögliche, was ihnen an Verhalten begegnet. Fängt ein Kind an, in der Buchstabensuppe die Buchstaben seines Namens zu suchen, haben auch alle anderen Kinder am Tisch die Finger in der Suppe. Der kleine Junge, der laut mit den Händen auf den Tisch schlägt, findet begeisterte Anhänger, die den Lärmpegel im Raum um ein Vielfaches steigern. Schon zweijährige Kinder benutzen voller Freude Schimpfwörter oder „Ausdrücke", die sie von älteren Kindern gehört haben. Und auch die Nachahmung dieses unerwünschten Verhaltens macht in den Bildungsprozessen der Kinder Sinn, denn durch jede Art von Nachahmung versucht das Kind, seine Umwelt zu verstehen, indem es sich anpasst. Zur Anpassung gehört es, zu verstehen, was der andere tut, dies in eigene Handlung zu übersetzen und darauf Reaktionen zu erfahren. In der Entwicklungspsychologie wird dieser Vorgang als Perspektivenübernahmefähigkeit bezeichnet. Die Fähigkeit zur Perspektivenübernahme wird beispielsweise benötigt, um sich mit anderen zu verständigen, um zu kooperieren, um sich selbst Ziele zu setzen und um Probleme zu lösen. Mit der Nachahmung leistet das Kind einen ersten Schritt zur Entwicklung dieser Fähigkeit. Wenn ein kleines Kind Schimpfwörter nachahmt, tut es dies nicht aus einer eigenen Befindlichkeit heraus (weil es zum Beispiel wütend ist), sondern um auszuprobieren, wie andere darauf reagieren. Erfährt es Ablehnung, dann kann es begreifen, dass Schimpfwörter kein angemessenes Mittel sind, um freundschaftlichen Kontakt aufzunehmen. Andererseits macht es manchmal aber auch die Erfahrung, dass es durch den Gebrauch von „Ausdrücken" die volle (wenn auch negative) Aufmerksamkeit von Erwachsenen auf sich ziehen kann, von denen es sonst vielleicht nur wenig beachtet wird.

Das „Als-ob-Spiel" hilft dem Kind, über Menschen und Dinge nachzudenken

Im zweiten Lebensjahr beginnen Kinder mit dem „Als-ob-Spiel", das in der Entwicklungspsychologie auch als Symbolspiel bezeichnet wird. Seine Hochphase erlebt das Symbolspiel, wenn die Kinder etwa vier Jahre alt sind. In der Regel betrachten Erwachsene das Symbolspiel von Kindern mit Wohlwollen. Wenn kleine Mädchen „Puppenmutter" spielen oder kleine Jungen „Feuerwehr und Polizei", erkennen Erwachsene darin viel Fantasie. Irritierend ist es dagegen für viele Erwachsene, wenn zwei kleine Jungen so tun, als ob sie aufeinander schießen oder zwei kleine Mädchen mit Barbiepuppen eine äußerst konservative Paarbeziehung nachstellen. Dabei wird jedoch klar, dass das kindliche Symbolspiel nur in zweiter Linie etwas mit Fantasie zu tun hat. In erster Linie hilft es den Kindern, sich mit Situationen auseinander zu setzen oder Probleme zu bearbeiten, die sie aus eigener Erfahrung kennen. Dabei wissen die Kinder sehr wohl, dass das, was sie spielen, nicht der Wirklichkeit entspricht. Die Jungen, die aufeinander schießen, glauben nicht wirklich, sich damit zu töten, und wollen dies auch gar nicht. Andererseits stellen sie jedoch sicherlich nicht nur das nach, was sie im Fernsehen gesehen haben. Cowboy- und Indianerspiele gibt es schon wesentlich länger als den Fernseher in jedem Haushalt. Vielmehr ist anzunehmen, dass die schießenden Jungen ausprobieren, wie es ist, wenn man sich streitet, wenn man sich nicht mag, wenn man unterschiedlicher Ansicht ist oder auch wie man sich verbündet und gegen einen Dritten zur Wehr setzt. Dies ist es, was sie aus eigener Erfahrung kennen und was sie im Symbolspiel bearbeiten. Mit zunehmendem Alter nutzen Kinder das Symbolspiel immer weniger, um die Wirklichkeit zu verstehen. Neue Situationen oder Probleme bearbeiten Kinder nun, indem sie miteinander darüber reden beziehungsweise sich im Kopf ausmalen, was geschehen würde, wenn man sich so oder wenn man sich anders verhält.

Lügen und Schummeln sind Zeichen dafür, dass Kinder die Welt verstehen

Im Verlauf ihrer Entwicklung wächst das Interesse der Kinder an Gesellschaftsspielen oder anderen Spielen mit Wettbewerbscharakter. Diese Spiele zeichnen sich dadurch aus, dass ein bestimmtes Ziel erreicht werden soll, dass die Kinder dieses Ziel in Konkurrenz zueinander erreichen wollen und man sich auf Regeln einigen muss, wie dieses Ziel erreicht werden kann. In vielen Fällen ereifern sich die Kinder in solchen Spielen darüber, was gerecht ist, was fair ist, welche Regeln gelten und wer welche

Regeln gebrochen hat. Auf der anderen Seite verstoßen sie jedoch selbst gegen Regeln, um sich einen Vorteil zu verschaffen. Bei jüngeren Kindern erntet man häufig nur erstaunte Blicke, wenn man sie auf ihre Regelverstöße aufmerksam macht. Ganz unverblümt und selbstverständlich setzen sie ihre „Mensch-ärgere-dich-nicht"-Figur auf dem kürzesten Weg ins Ziel, denn dort soll sie ja schließlich hin. Man kann ihnen deswegen nicht böse sein, denn offensichtlich verstehen sie den Sinn und Zweck von Spielen mit Wettbewerbscharakter noch nicht. Ältere Kinder verwenden dagegen oft ausgefeilte Tricks, um einen Vorteil für sich herauszuschlagen. Beim „Mensch-ärgere-dich-nicht"-Spiel stößt man aus Versehen mit der Hand gegen das Brett, sodass einige Figuren umfallen. Diese lassen sich dann taktisch günstiger wieder platzieren. Beim Quartettspiel werden die jüngeren Kinder abgezockt und die Freude darüber, dass diese nicht begreifen, warum sie am Ende keine Karten mehr haben, ist diebisch. Ältere Kinder schummeln, mogeln und lügen mit Vergnügen und freuen sich darüber, wenn ihre Täuschungsmanöver nicht entdeckt werden. Die Entwicklungspsychologie schließt daraus jedoch nicht auf eine wachsende Verderbtheit der Kinder mit zunehmendem Alter, sondern sieht einen Entwicklungsfortschritt darin. Kinder, die bewusst und geschickt ihre Spielpartner betrügen, können sich besser in deren Perspektive versetzen als Kinder, die nur offen ihre eigenen Interessen verfolgen. Jüngere Kinder wollen einfach nur dafür sorgen, dass sie selbst gewinnen, wenn sie sich nicht an die Spielregeln halten. Ältere Kinder überlegen sich dagegen, was der Spielpartner bemerken kann und was man ihn glauben machen kann, wenn man schummelt. Dies zeigt, dass sie dazu in der Lage sind, Handlungen zu verstehen, die auf Einstellungen beziehungsweise auf Glauben basieren und nicht auf dem, was wirklich wahr ist. Ebenso wie sie bewusst lügen und betrügen können, ist es ihnen nun auch möglich, Verständnis dafür aufzubringen, dass jemand etwas aus Versehen falsch gemacht hat, weil er glaubte, richtig zu handeln. Trotz anfänglichem Ärger können sie nun dem jüngeren Kind verzeihen, das die mühevoll errichtete Stadt aus Bausteinen zerstört hat, weil sie begreifen, dass dies nicht seine Absicht war. Ebenso ist es älteren Kindern nun möglich, Verantwortung zu übernehmen oder Sorge für andere zu tragen, weil sie sich vorstellen können, was andere glauben, wünschen, fühlen und wollen.

Den Sinn von Regeln und Werten verstehen Kinder, wenn sie mit gleichaltrigen Spielpartnern auf gleicher Augenhöhe darüber verhandeln

Auch wenn man das Schummeln und Mogeln als Entwicklungsfortschritt bezeichnen kann, ist es dennoch im Interesse eines harmonischen Zusammenlebens hilfreich, wenn Kinder sich an Regeln halten und Regeln achten. Häufig gewinnen Erzieherinnen jedoch den Eindruck, dass Kinder sich überhaupt nicht um die Regeln kümmern, die in der Gruppe aufgestellt worden sind. Obwohl körperliche Auseinandersetzungen nicht erwünscht sind, schubst ein Kind das andere von der Schaukel, woraufhin dieses am Pullover des ersten Kindes zerrt. In der Bauecke streiten sich die Kinder um Spielzeug, weil natürlich wieder fünf Kinder anstatt der vereinbarten drei dort gleichzeitig spielen müssen.

Ist hier nun die Erzieherin gefragt, die auf der Einhaltung von Regeln und Grenzen besteht? In manchen Fällen sicherlich, und zwar dann, wenn es um das Wohlergehen des Einzelnen in der Gruppe geht. Grundsätzlich gelingt es Kindern jedoch dann am besten, sich an Regeln zu halten und Grenzen zu akzeptieren, wenn sie auch deren Sinn verstehen. Einsicht in den Sinn von Regeln gewinnen Kinder einerseits dadurch, dass sie von Erwachsenen darauf hingewiesen werden, welche Konsequenzen ihr Handeln für andere hat. Um die Regeln des Zusammenlebens wirklich zu verinnerlichen, benötigen Kinder jedoch auch den Austausch mit gleichaltrigen Partnern. In ihren Verhandlungen mit Gleichaltrigen müssen Kinder eigenes Wissen über den Sinn von Regeln und Werten einbringen und gleichzeitig dem Regel-verständnis des Anderen Achtung erweisen. Auf dieser Basis wird ein Zusammenleben möglich, das nicht immer konfliktfrei ver-läuft, dafür aber interessant und erfahrungsreich ist. In ihren Verhandlungen miteinander tauschen sich die Kinder auf glei-cher Augenhöhe darüber aus, was unter kulturellen Werten wie Gerechtigkeit, Solidarität oder Freundschaft zu verstehen ist, sie machen Erfahrungen, wie man mit anderen kooperiert und sie erarbeiten sich miteinander den Sinn von Regeln.

1.5 Angebote machen und Impulse setzen

Dieser kleine Ausflug in die Entwicklungspsychologie sollte ver-deutlichen, mit welchen Themen sich Kinder befassen, wenn sie spielen, sich streiten, sich vertragen, ausprobieren und verhandeln.

Die Frage ist nun, warum Erzieherinnen eigentlich wissen soll-ten, womit sich Kinder beschäftigen und was sie interessiert. Die Antwort lautet, dass von pädagogischen Angeboten, die die The-men, Interessen, Bedürfnisse und Wünsche der Kinder treffen, ein größerer Bildungs- und Entwicklungsfortschritt zu erwarten ist als von Angeboten, die an den Themen der Kinder vorbei ge-macht werden. Der Neurobiologe Singer äußert sich dazu sogar folgendermaßen: „Es ist nutzlos und womöglich kontraproduk-tiv, Inhalte anzubieten, die nicht adäquat verarbeitet werden kön-nen, weil die entsprechenden Entwicklungsfenster noch nicht of-fen sind." (Singer 2001) Aufgezwungene Angebote, mit denen Kinder entwicklungsbedingt noch nicht umgehen können, füh-ren lediglich dazu, dass unnütz Zeit mit Abwehr verbracht wird. In der Pädagogik sollten diese Erkenntnisse aufgegriffen werden, um zu bestimmen, welche sozialen, räumlichen und materialen Bildungsanregungen Kinder brauchen, damit sie sich ihren Fä-higkeiten entsprechend bilden können. Bildungsfördernde Um-welten sind Angebote oder Erfahrungsmöglichkeiten, die Erwachsene im Sinne von Rahmenbedingungen bereitstellen und die die Kinder selbsttätig bearbeiten können.

Was heißt das nun konkret? Kommen wir noch einmal auf unser Beispiel der drei prügelnden Jungen zurück. Durch die Reflexion ihrer Beobachtung und die Diskussion mit ihren Kolleginnen hat die Erzieherin Anja erkannt, was die Themen des kleinen Jungen Simon sind:

- ▪ Simon möchte seine körperlichen Fähigkeiten erproben.
- ▪ Er möchte sich kompetent und als „Großer" fühlen.
- ▪ Er möchte gleichberechtigt sein.

Welche Konsequenzen ergeben sich daraus für die Arbeit der Erzieherin? Welche pädagogischen Angebote könnten Simon ansprechen, welche Impulse sollte die Erzieherin setzen, damit Simon seine Themen bearbeiten kann?

Zum einen wäre zu überprüfen, welche räumlichen und materiellen Möglichkeiten Simon in der Einrichtung hat, um seine grobmotorischen Fähigkeiten zu trainieren und um mit seinem Körper und der Koordination von Bewegung zu experimentieren. Allzu häufig wird beklagt, dass Kinder sich heutzutage zu wenig bewegen. Andererseits stehen ihnen oft keine attraktiven Bewegungsmöglichkeiten zur Verfügung. Die Erzieherin Anja könnte also überprüfen, ob es in ihrer Einrichtung genügend Bewegungsmaterial gibt, wie etwa Rollbretter, Trampolins, Seile oder im Innenraum Matratzen, die man aufeinander schichten kann, auf die man klettern und von denen man herunterspringen kann. Weiter könnte sie ihre Einrichtung unter dem Gesichtspunkt betrachten, ob es dort Orte gibt, an denen die Kinder toben oder klettern können. Hierzu gehören beispielsweise Räume mit breiten Flächen, in denen nur wenig Möbel stehen, Schrägen, Treppen und verschiedenen Ebenen.

Da Simon offensichtlich sehr daran interessiert ist, ein „Großer" zu sein und seine Kompetenzen unter Beweis stellen möchte, könnte die Erzieherin Anja überlegen oder beobachten, was

Simon besonders gut kann, wo seine Stärken liegen. Dazu könnte sie eines der im Kapitel 4 später vorgestellten Beobachtungsverfahren einsetzen, z. B. Kuno Bellers Entwicklungstabelle oder die „Sieben Intelligenzen". Ist er besonders interessiert daran, Geschichten über sich und seine Erlebnisse zu erzählen oder fragt er häufig danach, wie Dinge funktionieren? Mag Simon Bewegungsspiele und ist geschickt im Balancieren? Führt er gern Experimente durch und entwickelt Ideen, um seine Hypothesen zu testen oder liegen seine Kompetenzen mehr im praktischen Bereich? Nimmt er beispielsweise gern Gegenstände auseinander und setzt sie geschickt wieder zusammen? Hat die Erzieherin Anja Simons Stärken erkannt, dann kann sie ihm Angebote ermöglichen, die ihm das Gefühl geben, etwas besonders gut zu können, und die ihn herausfordern, seine Fähigkeiten weiter auszubauen.

Weiterhin könnte die Erzieherin Anja überlegen, mit welchen Kindern Simon besonders häufig spielt. Sind das immer nur die älteren Kinder, die ihm wohlwollend das Gefühl von Gleichberechtigung geben oder hat er auch gleichaltrige Freunde, mit denen er sich wirklich auf gleicher Augenhöhe messen kann? Hierzu könnte sie ein Soziogramm der Gruppe erstellen (vgl. Kapitel 4.8) oder seine soziale Einbindung einschätzen. Um Simon ein gleichberechtigtes Spiel mit anderen Kindern zu ermöglichen, sollte die Erzieherin Anja Situationen schaffen, in denen er Freude am Spiel mit Kindern entwickeln kann, die etwa das gleiche Alter haben wie Simon oder sich auf einem ähnlichen Entwicklungsstand befinden. Auch hierbei kann sie an ihr Wissen über Simons Stärken anknüpfen.

Diese Beispiele zu pädagogischen Angeboten, die auf der Grundlage von Beobachtungen gemacht werden, zeigen, dass Erzieherinnen in ihrer Arbeit einer Forschertätigkeit nachgehen können. Durch die bewusste Wahrnehmung von kindlichen Aktivitäten und die Reflexion dieser Wahrnehmungen können Impulse gesetzt werden und Bildungsmöglichkeiten für die Kinder geschaffen werden. Darüber hinaus wird deutlich, dass die Forschungstätigkeit der Erzieherin mit einer Beobachtung nicht abgeschlossen ist. Vielmehr ergeben sich häufig weitere Fragen, um erneut und gezielt zu beobachten, und es gilt immer wieder zu überprüfen, ob und wie sich die Themen der Kinder verändern beziehungsweise ob die pädagogischen Angebote die Themen der Kinder treffen.

2 Beobachten und dokumentieren als Elemente fachlichen Handelns

Nicht erst mit der Qualitätsdebatte, aber neu durch sie belebt, ist ein Professionalisierungsbemühen in der Frühpädagogik erkennbar. Pädagogisches Handeln wird nicht mehr als intuitiv und von persönlichen Erfahrungen und besonderen Begabungen, mit Kindern umzugehen, abhängig betrachtet. Vielmehr werden Kompetenzen beschrieben und auch eingefordert, über die eine pädagogische Fachkraft verfügen sollte und die grundsätzlich erlernbar sind. Aufgaben und Kompetenzen von Erzieherinnen sind in Qualitätshandbüchern, wie sie für die Arbeit mit verschiedenen Zielgruppen und in verschiedenen Trägerorganisationen entstanden sind, detailliert beschrieben. In den Bildungsprogrammen und Bildungsplänen der Bundesländer finden sich zahlreiche Aussagen zu den Bildungsaufgaben von Erzieherinnen. Beobachtung und Dokumentation sind als Elemente fachlichen Handelns hier regelmäßig genannt.

Damit Bildungsprogramme und Qualitätsvereinbarungen für die pädagogische Arbeit tatsächlich wirksam werden können, müssen sie zunächst auf die Bedingungen der einzelnen Einrichtung vor Ort angewendet werden. Deshalb ist es wichtig, sich zu fragen, wie die Aufgaben Beobachtung und Dokumentation in den für Ihre Arbeit geltenden Dokumenten beschrieben sind, ob sich dies in Ihrer Einrichtungskonzeption widerspiegelt und in welchem Maß beobachten und dokumentieren in ihre tägliche Arbeit integriert sind. Kapitel 2.2 enthält Vorschläge, wie Sie sich – am besten gemeinsam im Team – Klarheit darüber verschaffen können, wo ihre Einrichtung in dieser Hinsicht im Augenblick steht, was sie leisten soll und leisten möchte.

2.1 Beobachtung und Dokumentation in Qualitätshandbüchern und Bildungsplänen

Die Qualitätsdiskussion im System der Kindertagesbetreuung wird in Deutschland seit einigen Jahren intensiv geführt. Mit der Neuordnung der Jugendhilfe im Rahmen des Kinder- und Jugendhilfegesetzes (KJHG) von 1990 wurde die Bedeutung von Tageseinrichtungen für Kinder als entwicklungsfördernde und familienergänzende Leistung für *alle* Kinder und Familien formuliert. Spätestens mit dem seit 1996 bestehenden Rechtsanspruch auf einen Kindergartenplatz wurden Tageseinrichtungen für Kinder zum Regelangebot für die Drei- bis Sechsjährigen. Nicht nur, weil diese Ausweitung des Angebots mit hohen Kosten einhergeht, sondern auch auf Grund der damit verbundenen Verantwortung für die Bildungschancen der nachwachsenden Generationen, wird zunehmend die Frage nach der Qualität gestellt und danach, wie das System der Tagesbetreuung von Kindern zur Erreichung guter Qualität gesteuert werden kann. In diesen Zusammenhang sind die vielen Initiativen einzuordnen, die in den vergangenen Jahren zur Entwicklung von Qualitätskriterien-Sammlungen, Qualitätshandbüchern und Zertifizierungsverfahren beigetragen haben.

In Deutschland sind zwei parallele Entwicklungen zu verzeichnen, die beide prägend für die Qualitätsdiskussion sind. Zum einen gibt es mit der „Nationalen Qualitätsinitiative im System der Tageseinrichtungen für Kinder" (NQI) eine politische Antwort auf die Qualitätsfrage. Sie wurde im Jahre 1999 vom Bundesministerium für Familie, Frauen, Senioren und Jugend unter der damaligen Ministerin Christine Bergmann ins Leben gerufen. In diesem länder- und trägerübergreifenden Vorhaben wurden in insgesamt fünf Teilprojekten Qualitätskriterien für die pädagogische Arbeit entwickelt und praxisnahe Verfahren erprobt, mit denen die Qualität einer Einrichtung intern und extern überprüft werden kann. Ziel war vor allem, zu kon-

sensfähigen Aussagen mit breiter Akzeptanz zu gelangen. Jedes
Teilprojekt befasste sich mit einem jeweils anderen thematischen
Schwerpunkt. Die Projekte I und II beziehen sich auf die Altersgruppe der null- bis sechsjährigen Kinder (Tietze & Viernickel
2003), Projekt III befasst sich mit der Tagesbetreuung für Schulkinder (Strätz u. a. 2003). Im vierten Projekt geht es um die
Erarbeitung von Qualitätskriterien und Evaluationsinstrumen-
tarien auf der Basis eines in der Praxis weit verbreiteten Konzeptes, nämlich des Situationsansatzes (Preissing 2003); und Projekt V stellt die Qualität der Träger von Tageseinrichtungen in
den Mittelpunkt (Fthenakis u. a. 2003).

Der zweite starke Impuls ging von den freien Trägerverbänden
aus. Sie suchten nach Verfahren, um die Qualität ihrer Einrichtungen erfassen, beschreiben und nach außen hin ausweisen zu können. Dafür orientierten sie sich in der Mehrzahl an aus der Wirt-
schaft „importierten" Qualitätsmanagement-Verfahren, wie dem
Konzept der ISO 9001:2000 oder dem Total Quality Management-
Modell. Diese Verfahren stellen einen Ordnungsrahmen bereit, in
dem das generelle Konzept und Leitbild, die Handlungsrichtlini-
en, Schlüsselprozesse und Methoden einer Einrichtung dokumentiert und überprüfbar gemacht werden (Rugor & von Studzinski
2003, Klug 2001). Die Dokumentation geschieht in der Regel
durch die Anlage eines Qualitätsmanagement-Handbuchs. Mehrere große Trägerorganisationen stellen für ihre Kindertageseinrichtungen bereits ein solches Rahmenhandbuch zur Verfügung.
(Vgl. Bundesvereinigung Evangelischer Tageseinrichtungen für
Kinder e.V. und Diakonisches Institut für Qualitätsmanagement
und Forschung gGmbH 2002, Verband Katholischer Tageseinrichtungen für Kinder 2004. Auch die nichtkonfessionellen freien Trägerverbände haben Muster-Handbücher vorgelegt: z. B. Arbeiterwohlfahrt Bundesverband e.V. [2001].)

Sowohl in den aus der Nationalen Qualitätsinitiative hervor-
gegangenen Qualitätskriterien-Katalogen als auch in den Rah-
menhandbüchern der freien Trägerverbände werden Beobachtung

und Dokumentation als fachliche Aufgaben von Erzieherinnen angesprochen, allerdings unterschiedlich in Gewichtung und Konkretheitsgrad. Je nachdem, bei welchem Träger Sie beschäftigt sind, nach welchem pädagogischen Konzept Ihre Einrichtung arbeitet und welche Altersgruppen dort betreut werden, mag es sinnvoll sein, sich die entsprechenden fachlichen Grundlagen im Original zu beschaffen, um die Aussagen zu Beobachtung und Dokumentation noch genauer nachlesen zu können.

Die meisten Bundesländer haben in den vergangenen zwei Jahren Bildungspläne oder -programme vorgelegt (ein Verzeichnis aller verfügbaren Bildungspläne finden Sie im Anhang). Sie sind als Reaktion auf die wachsende bildungspolitische Bedeutung des Elementarbereichs entstanden und unterstützen den eigenständigen Bildungsauftrag, den Kindertageseinrichtungen zu erfüllen haben. Dieser muss jedoch für Kinder im vorschulischen Alter wesentlich breiter gefasst sein als für ältere Kinder. Bildung im Kleinkind- und Vorschulalter ist nicht gleichbedeutend mit Schulvorbereitung. Bildungsprozesse im frühen Kindesalter vollziehen sich ganzheitlich, das heißt, Kinder lernen mit allen Sinnen und durch die Verknüpfung unterschiedlichster Erfahrungen. Wahrnehmung und Tätigkeit gehen Hand in Hand. Dies gilt umso stärker, je jünger ein Kind ist. Aufgabe von Kindertageseinrichtungen ist es, solche kindlichen Bildungsprozesse anzuregen und zu unterstützen. Bildungspläne und Bildungsprogramme haben zum Ziel, eine verbindliche, möglichst konkrete Beschreibung dieses Bildungsauftrags und entsprechende fachliche Vorgaben zu liefern.

Die Bildungsprogramme bzw. Bildungspläne der Bundesländer weisen der regelmäßigen Beobachtung und der Dokumentation des Beobachteten einen wichtigen Stellenwert zu. Die Fähigkeit, genau hinzusehen, das Verhalten von Kindern wahrzunehmen und daraus alleine und im Team Schlüsse zu ziehen, wird als eine notwendige professionelle Kompetenz von

Erzieherinnen betrachtet. Während es in einigen Programmen bei reinen Appellen bleibt, machen andere konkrete Vorgaben oder versuchen, durch den Bildungsbereichen zugeordnete Analysefragen den Einstieg ins „Beobachtungsgeschäft" zu erleichtern. Manchmal finden sich Hinweise auf verfügbare Verfahren, die zum Einsatz vorgeschlagen werden. Aus unserer Sicht ist ein solcher Rückgriff auf Vorhandenes und Erprobtes ein sinnvoller Weg. Nicht jedes Rad muss neu erfunden werden. Die Auswahl und der Einsatz von Beobachtungsinstrumenten sollten allerdings nicht nur von der Sympathie oder Abneigung abhängig gemacht werden, die Sie einzelnen Ihnen bereits bekannten Verfahren gegenüber hegen, und auch nicht allein auf Empfehlungen von Kolleginnen beruhen, die von einem Instrument schon „ganz Tolles" gehört haben. Um Sie darin zu unterstützen, Beobachtungsverfahren gezielt und informiert auszuwählen und anzuwenden, benennen wir im folgenden Kapitel zunächst einige Kriterien für eine gezielte Auswahl und schlagen eine Schrittfolge für den Auswahlprozess und die Umsetzung vor. Im vierten Kapitel finden Sie dann eine Auswahl an Verfahren beschrieben, die für unterschiedliche Fragestellungen einsetzbar sind und sich bereits im Alltag von Kindertageseinrichtungen bewährt haben.

2.2 Beobachten und dokumentieren als Teil der Einrichtungskonzeption

Wie gelange ich zu einer gezielten Auswahl von Beobachtungsverfahren? Wir schlagen Ihnen hierfür die im Folgenden beschriebenen Schritte vor. Dabei gehen wir davon aus, dass Beobachtung und Dokumentation Aufgaben sind, die auf der Ebene der Kindertageseinrichtung geplant, organisiert und ausgewertet werden müssen. Deshalb sprechen wir von ihnen als einem Teil der Einrichtungskonzeption. Selbstverständlich ist jede Fachkraft dann dafür verantwortlich, ihre Beobachtungstätigkeit und die Anfertigung der Aufzeichnungen in die alltägliche Arbeit zu integrieren. Der Nutzen der Aufzeichnungen wiederum ist umso höher, je häufiger die eigenen Wahrnehmungen mit den Kolleginnen geteilt und diskutiert werden. Kurz und gut: Es wird einfacher und effektiver, wenn sich ein Team zusammensetzt und eine übergreifende Beobachtungsplanung entwickelt. Aber auch, wenn sich ein solches Vorgehen nicht realisieren lässt, empfiehlt sich die beschriebene Schrittfolge.

1. Prüfung: Welche Empfehlungen sind für Ihre Arbeit gültig?

Je nachdem, in welchem Bundesland und bei welchem Träger Erzieherinnen tätig sind, gelten für sie die jeweils spezifischen Vorgaben oder Empfehlungen. Die Bildungsprogramme der Bundesländer sind vielfach im Internet abrufbar, ansonsten gibt es Sonderdrucke, die bei den Ministerien angefordert werden können. Eine Bezugsliste findet sich im Anhang dieses Buches. Wenn Sie bei einem Träger beschäftigt sind, der bereits ein trägerspezifisches Qualitäts-Rahmenhandbuch zur Verfügung stellt, dienen die entsprechenden Standards zur Beobachtung und Dokumentation als verbindliche Grundlage.

- *Wenn Sie für sich alleine planen:* Besorgen Sie sich die für Sie geltenden Dokumente (Bildungsprogramm, Qualitätshandbuch des Trägers) und arbeiten Sie diese gründlich durch. Markieren Sie die Stellen, die sich auf Beobachtung und Dokumentation beziehen oder schreiben Sie sie heraus. Ziehen Sie ein erstes Fazit: Sind die Aussagen eher allgemein oder enthalten sie verbindliche Vorgaben? Finden sich Hinweise auf bestimmte Beobachtungsverfahren? Welche Konsequenzen ergeben sich für Ihre pädagogische Arbeit im Hinblick auf Beobachtung und Dokumentation?

■ *Wenn Sie im Team planen:* Regen Sie an, dass auf einer der nächsten Teamsitzungen die Abschnitte bzw. Standards, die sich auf Beobachtung und Dokumentation beziehen, herausgesucht, gelesen und diskutiert werden und ein erstes Fazit als Arbeitsergebnis gezogen wird (s.o.). Wenn Ihr Team bereits Qualitätsstandards erstellt, an denen die Arbeit in der Einrichtung orientiert und überprüft werden kann oder dabei ist, die Richtlinien der Bildungspläne in die pädagogische Arbeit zu integrieren, umso besser. Dann kann die Thematisierung von Beobachtung und Dokumentation als nächster sinnvoller Schritt geplant werden.

2. Klärung: Welche pädagogischen Ziele möchte ich / meine Einrichtung durch Beobachtung und Dokumentation erreichen?

Die Beobachtungs- und Dokumentationstätigkeit ist kein Selbstzweck. Sie dient immer den pädagogischen Zielen, die Sie als Fachkraft bzw. als Teil des Einrichtungsteams verfolgen. Die verschriftlichte Konzeption, nach der die Einrichtung arbeitet, kann hier ein wichtiger Bezugspunkt sein, denn sie enthält normalerweise den Konsens, den ein Team in Bezug auf die pädagogischen Orientierungen, Zielsetzungen und Vorgehensweisen erreicht hat. Aber nicht immer spiegelt die Konzeption den aktuellen Stand der pädagogischen Arbeit in der Einrichtung wider; deshalb bleibt grundsätzlich die Reflexion fachlicher Orientierungen und Ziele notwendig, wenn Entscheidungen über Beobachtungs- und Dokumentationsverfahren getroffen werden sollen. Ebenso kann keine Konzeption spezifische Fragestellungen, die sich in einer Gruppe oder auch bezüglich bestimmter Kinder immer wieder aufs Neue ergeben, befriedigend berücksichtigen. Diese sind aber ebenfalls wichtige Anlässe für eine gezielte Beobachtung.

- *Wenn Sie für sich alleine planen*: Sind Sie in einer Einrichtung tätig, die eine Konzeption erstellt hat, können Sie diese nutzen, um sich die dort benannten pädagogischen Ziele und Schwerpunktsetzungen zu vergegenwärtigen. Klären Sie für sich, ob diese mit Ihren eigenen Zielen und Ihrer täglichen Praxis übereinstimmen und identifizieren Sie Ihre persönlichen Schwerpunkte in der fachlichen Arbeit. Schreiben Sie diese stichwortartig auf. Wie verhalten sich die notierten Schwerpunkte zu den vorher identifizierten Empfehlungen/Vorgaben: überschneiden, ergänzen oder widersprechen sie sich? Versuchen Sie, eine Liste der inhaltlichen Bereiche und pädagogischen Fragen zu erstellen, die sowohl die externen Empfehlungen, die Konzeption als auch Ihre persönlichen Anliegen berücksichtigt. Markieren Sie dann für sich die Punkte, bei denen Sie Beobachten und Dokumentieren für eine nützliche methodische Herangehensweise halten.
- *Wenn Sie im Team planen*: Auch in diesem Fall bietet sich die Einrichtungskonzeption als Ausgangsbasis für die Ziel- und Schwerpunktsetzung an. Welche inhaltlichen Schwerpunktsetzungen gibt es in ihrer Konzeption? Bildet z. B. die Sprachförderung einen Schwerpunkt, sollte hier auch das Hauptaugenmerk von Beobachtung und Dokumentation liegen. Ein Bewegungskindergarten wird ein stärkeres Interesse an der Bewegungsfreude und der Entwicklung der motorischen Fertigkeiten der Kinder sowie eventuell einer Analyse der Nutzung seiner Bewegungsbaustelle haben als andere Einrichtungen.

Ein weiterer Punkt, der im Team geklärt werden sollte, ist das herrschende Vorverständnis von Beobachtung und die derzeitige Beobachtungspraxis. In vielen Einrichtungen wird nur zu bestimmten Gelegenheiten – anlässlich von Elterngesprächen, vor dem Schulübergang, im Hinblick auf „Problemverhalten" einzelner Kinder – beobachtet. In anderen Kitas obliegt es dem

Engagement der einzelnen Fachkraft, ob und was sie beobachtet und dokumentiert. Wie sieht es in Ihrer Einrichtung aus, zu welchen Anlässen, mit welcher Regelmäßigkeit und in welcher Breite setzen Sie bereits Beobachtung und Dokumentation ein? Welche Formen haben sich als geeignet erwiesen, und wo sehen Sie Veränderungsbedarf? Wie kann Beobachtung Sie dabei unterstützen, den Bildungsauftrag der Einrichtung zu erfüllen? Idealerweise legt Ihr Team nach der Auswertung einer solchen Fachdiskussion fest, welche Beobachtungspraxis bis zu einem bestimmten Zeitpunkt erreicht werden soll und welche Schritte dazu getan werden müssen.

3. Auswahl: Welche Beobachtungshilfen sind geeignet?

Sie wissen nun, welche Empfehlungen oder Regelungen für Ihre Arbeit gelten und haben Entscheidungen dahingehend getroffen, welche inhaltlichen Schwerpunkte Sie für ihre Beobachtungen setzen wollen und welche fachlichen Ziele damit erreicht werden sollen. Nun geht es darum, geeignete Verfahren zusammenzustellen. Es gibt eine Reihe von Instrumenten, mit denen mehr oder weniger gut dokumentierte Erfahrungen vorliegen. Einige sind in Kapitel 4 ausführlich beschrieben; sie bieten sich für unterschiedliche Fragestellungen an. Diese Informationen können Ihnen als Entscheidungshilfe dienen. Allerdings kann dieses Buch keine vollständige Sammlung existierender Verfahren liefern. Vielleicht hat im Team die eine oder andere Kollegin von einem weiteren Beobachtungsinstrument gehört oder sogar Erfahrungen damit gesammelt. Auch die Bildungspläne einiger Länder bzw. die Qualitäts-Rahmenhandbücher mancher Träger bieten Ansatzpunkte. Beziehen Sie auch solche Erfahrungswerte und Vorschläge in den Auswahlprozess ein.

■ *Wenn Sie für sich alleine planen:* Treffen Sie eine Auswahl, welche Verfahren für den Einsatz in Ihrer pädagogischen Arbeit in Frage kommen. Prüfen Sie dann anhand der Ihnen zur Verfügung stehenden Informationen, wie schwierig und wie zeitintensiv die Beobachtung und die Auswertung der Aufzeichnungen mit den ins Auge gefassten Instrumenten ist. Bei manchen Verfahren wird ein vorgängiges Training als Voraussetzung für aussagekräftige Ergebnisse angesehen, andere empfehlen es zumindest. Wägen Sie ab, ob Sie die zeitlichen und finanziellen Möglichkeiten haben, ein solches Training zu absolvieren. Entscheiden Sie sich für ein eher einfaches und weniger zeitaufwändiges Verfahren, wenn Sie bisher noch nicht viel Erfahrung im Beobachten gesammelt haben. Es ist besser, bescheiden anzufangen und mit zunehmender Sicherheit sein Repertoire auszubauen, als an einem zu hohen selbst gesetzten Anspruch zu scheitern.

▪ *Wenn Sie im Team planen*: Auch das Team wird auf Grund der vorangegangenen Überlegungen eine (Vor-)auswahl von Verfahren treffen müssen. Allerdings ist in der Regel die Chance höher, mehrere Bereiche der pädagogischen Arbeit parallel durch Beobachtung begleiten und angemessen dokumentieren zu können. Machen Sie sich gemeinsam ein Bild über die in Frage kommenden Verfahren und versuchen Sie abzuschätzen, welcher Aufwand für Vorbereitung (denken Sie an ein eventuell notwendiges Beobachtertraining), Durchführung, Dokumentation und Auswertung nötig wird.

4. Planung: Wie genau soll Beobachtung und Dokumentation in die Arbeit integriert werden?

Sie sollten realistisch abschätzen, wie viel Zeit in die geplanten Beobachtungen und ihre Dokumentation fließen wird, und welche zeitlichen und personellen Ressourcen zur Verfügung stehen. Wie oft und zu welchen Gelegenheiten soll beobachtet, in welcher Form dokumentiert werden? Wie und wann kann im

Tagesablauf Freiraum für Ihre Beobachtungstätigkeit geschaffen werden? Wie können Teambesprechungen umorganisiert werden, damit der Austausch über Beobachtetes und gemeinsame Schlussfolgerungen für die pädagogische Arbeit ihren regelmäßigen Platz finden? Ziel ist es, diese Abläufe bzw. Aufgaben so in den Alltag zu integrieren, dass sie zu einem selbstverständlichen Bestandteil werden. Ausführlicher wird das Thema der personellen und zeitlichen Planung in Kapitel 3.2 behandelt.

■ *Wenn Sie für sich alleine planen*: Führen Sie sich Ihren bisherigen Tagesablauf vor Augen. Identifizieren Sie die Situationen und Gelegenheiten, in die Sie Beobachtungsphasen einbauen könnten. Wäre dies täglich, wöchentlich, oder seltener der Fall? Gleichen Sie dann ab, ob dieser Zeitrahmen für Ihre Vorhaben ausreicht und ob der Einsatz der ausgewählten Beobachtungshilfen unter diesen Bedingungen möglich ist. Suchen Sie nach Spielräumen und Alternativen, wenn notwendig. Vielleicht lassen sich Kolleginnen für die Sache begeistern. Dann kann in Absprache abwechselnd eine Person beobachten, während die andere für die Kinder ansprechbar bleibt. Prüfen Sie, welche sonstigen Vorschläge und Hinweise aus Kapitel 3.2 auf Ihre Situation anwendbar sind. Am Abschluss der Planungsphase sollte ein schriftlich festgehaltener konkreter Beobachtungsplan stehen. In der Regel kristallisiert sich nach kurzer Zeit der Erprobung bereits heraus, was gut läuft und wo die Knackpunkte stecken. Dann sollte man sich nicht scheuen, nachzubessern, Veränderungen vorzunehmen oder auch seine Ziele nach oben oder unten zu korrigieren.

■ *Wenn Sie im Team planen*: Hier geht es ebenfalls um einen Abgleich zwischen zeitlichen und personellen Ressourcen und dem angestrebten Beobachtungsumfang. Beobachtung und Dokumentation führen zunächst einmal für jeden zu einer zusätzlichen Belastung. Deshalb ist es wichtig, das gemeinsame Ziel im Bewusstsein zu halten, nämlich eine Verbesserung der pädagogischen Arbeit zu erreichen und den Bildungsauftrag der Einrichtung einzulösen. Aus diesem Grunde sollten der fachliche Austausch über Beobachtungen und die daraus abzuleitende Entwicklung von Bildungsangeboten einen festen Platz in Teambesprechungen erhalten.

3 Beobachten und dokumentieren in der praktischen Umsetzung

In den vorangegangenen Kapiteln haben wir versucht zu vermitteln, dass die Beobachtung von Verhaltensweisen, Interaktionen und Situationen die Grundlage bietet, um Kinder besser zu verstehen und ihre Entwicklungs- und Bildungsprozesse nachvollziehen zu können. Eine kindorientierte Pädagogik ist ohne regelmäßige und gezielt eingesetzte Beobachtung nicht denkbar. Damit wird die Beobachtung von Kindern zu verschiedenen Gelegenheiten und die Fähigkeit, diese Beobachtungen zur Grundlage für Bildungsangebote zu machen, zu einem unverzichtbaren Element des pädagogischen Handelns von Erzieherinnen. Dabei geht es zunächst, wie in Kapitel 1 am Beispiel der Erzieherin Anja beschrieben, um ein neugierig-offenes Sammeln von Informationen, das noch ohne Interpretation und Wertung erfolgt. Zu verstehen, woran Kinder interessiert sind, was ihre Motive und Anreize sein könnten, sich auf eine bestimmte Art und Weise zu verhalten, ist wiederum eine notwendige Bedingung für die Planung von gezielten und sinnvollen pädagogischen Angeboten. Eine solche Planung setzt sowohl allgemeines Wissen über kindliche Entwicklung voraus als auch spezielle Informationen und Kenntnisse über jedes einzelne Kind. Diese Informationen, die zu unterschiedlichen Gelegenheiten und mit einander ergänzenden Methoden gewonnen werden können, liefern in ihrer Gesamtheit dann ein Bild sowohl über die einzelnen Kinder als auch über die Gruppe als Ganzes.

Wie aber gelingt es, Beobachtung als pädagogisches Angebot in die Alltagspraxis zu integrieren? Welche Schwierigkeiten gibt es, und wie kann man sie umgehen? Für wessen Augen sind welche

Aufzeichnungen bestimmt, wie sieht es mit dem Datenschutz aus? Dieses Kapitel greift diese und ähnliche Fragen rund um die praktische Umsetzung auf. In Kapitel 3.1 sollen zunächst einige Überlegungen dazu angestellt werden, welche Chancen eine regelmäßige und reflektierte Beobachtungs- und Dokumentationspraxis für die Unterstützung und Weiterentwicklung der pädagogischen Arbeit und für die persönliche Qualifikation von Fachkräften bietet. Daran anschließend geht es in Kapitel 3.2 um die zeitliche und personelle Planung von Beobachtung und Dokumentation und darum, auf welche Weise Eltern und Kinder informiert und einbezogen werden können. Kapitel 3.3 wechselt den Blickwinkel in Richtung einer etwas stärker theoretischen Betrachtungsweise. Es informiert unter Rückbezug auf Erkenntnisse aus der Wahrnehmungspsychologie und Beobachtungsforschung über „typische" Beobachtungsfehler und wie man sie vermeiden kann. Zum Einstieg nun eine wahre Geschichte:

Es war einmal eine Gruppe von 17 Erzieherinnen, die an einer Fortbildung zum Thema „Beobachtung im Kindergarten" teilnahmen. Die Fortbildung war dreigeteilt. Sie begann mit einer zweitägigen Einführung in das Thema. Zurück im Kindergarten sollten die Fachkräfte in ihrer Arbeitszeit Beobachtungen machen, diese protokollieren und als „Arbeitsmaterial" zum nächsten Gruppentermin mitbringen. Zwischen dem ersten und zweiten Gruppentreffen waren zwei Monate vergangen. Am Morgen des zweiten Gruppentreffens fragte die Leiterin der Fortbildung erwartungsvoll nach den Beobachtungen (drei Erzieherinnen waren allerdings gar nicht wieder erschienen). Von den anderen hatte bis auf eine einzige Fachkraft niemand etwas mitgebracht. Die Erklärungen dafür reichten von: „Eigentlich weiß ich gar nicht, wozu dieses Aufschreiben gut sein soll. Ich weiß doch auch so, was in meiner Gruppe vorgeht" über „Ich bin einfach nicht dazu gekommen" bis zu „Ich habe es versucht, aber ich konnte mit dem, was ich notiert habe, nichts anfangen". Die Dozentin brach die Veranstaltung wütend und enttäuscht ab.

Was können wir aus diesem Vorfall lernen? Aus den Rechtfertigungen, die die Erzieherinnen vorbrachten, kann man Zweifel, Zeitmangel und Unsicherheit herauslesen. Drei Stolpersteine, die – auf unterschiedlichen Ebenen – den erfolgreichen Einsatz von Beobachtung in der pädagogischen Arbeit gefährden oder sogar verhindern können. Drei Stolpersteine, die ernst zu nehmen sind, und die im Folgenden etwas näher betrachtet werden sollen.

3.1 Beobachtung als pädagogisches Angebot?

Der erste Stolperstein kann bereits in der eigenen Grundhaltung stecken. „Das Aufschreiben kostet doch nur Zeit, die dann den Kindern verloren geht" – fast jeder, der sich mit Fragen von Beobachtung und Dokumentation in Kindertageseinrichtungen beschäftigt, hat schon einmal in diese Richtung gedacht. Dahinter steckt zum einen die Angst, dass vor lauter Dokumentieren, Planen und Auswerten die direkte Arbeit mit den Kindern leiden könnte. Außerdem spiegelt sich in solchen Argumenten eine durchaus vernünftige Kosten-Nutzen-Rechnung: Was bringen mir diese Arbeiten an zusätzlichen Informationen, an Wissen, das ich nutzbringend in meine pädagogische Arbeit einbringen kann? In welcher Form kommt es letztlich den Kindern und ihren Familien zu Gute?

Der erstgenannten Befürchtung kann meist durch eine sorgfältige und realistische Zeitplanung und durch organisatorische Absprachen im Team begegnet werden (vgl. Kapitel 2.2 und 3.2). Hat ein Team sich für ein oder zwei Beobachtungsschwerpunkte entschieden und den zeitlichen Aufwand einmal durchkalkuliert, zeigt sich in der praktischen Anwendung schnell, ob man sich doch zu viel vorgenommen hat oder ob es sogar besser läuft als erwartet. Hier sollte man auf jeden Fall nach einer Erprobungsphase einen offenen Austausch im Team über positive und negative Erfahrungen einplanen. Kleinere „Kurskorrekturen" werden wahrscheinlich immer wieder einmal notwendig, sodass ein regelmäßiger kritischer Blick auf die Beobachtungspraxis sinnvoll ist.

Was die Frage nach dem „Warum überhaupt?" angeht, gibt es die Erfahrung, dass die Mehrzahl der Kolleginnen überzeugte Verfechterinnen systematischer Beobachtung werden, sobald sie ernsthaft damit begonnen haben. „Der Geschmack kommt beim Essen", sagt ein Sprichwort. Dem tatsächlich zu leistenden Mehraufwand an Organisation und persönlichem Engagement stehen ein hoher pädagogischer und professioneller Ertrag gegenüber. Dazu muss aber auch klar gesagt werden, dass der Start leichter fällt, wenn sich ein Team oder jedenfalls mehrere Kollegen gemeinsam auf den Weg machen. Im Folgenden werden die wichtigsten Argumente für Beobachtung und Dokumentation wiedergegeben, die beobachtungserfahrene Erzieherinnen berichten.

Ich entdecke und erkenne Themen, Interessen und Bedürfnisse der Kinder

Regelmäßige Beobachtung von Kindern und die sich anschließende Auswertung im Team führt dazu, dass Erzieherinnen die ihnen anvertrauten Kinder im Laufe der Zeit immer besser kennen lernen. Sie entdecken das Besondere, Einzigartige an jedem Kind und bekommen einen Einblick, womit einzelne Kinder sich aktuell beschäftigen, an welchen Themen sie sich abarbeiten. Auch Themen, für die mehrere Kinder der Gruppe sich gerade interessieren, treten hervor.

Ich kann die individuelle Entwicklung jedes Kindes besser verfolgen

Jedes Kind gelangt zu verschiedenen Zeitpunkten im Verlauf des Kindergartenjahres in den Fokus der Aufmerksamkeit. Dies wirkt der Gefahr entgegen, im oft quirligen Gruppengeschehen die leisen, unauffälligen Kinder zu übersehen. Jedes einzelne Kind wird als Individuum wahrgenommen und als solches in seinen Entwicklungsfortschritten und Kompetenzen gewürdigt. Besondere

Stärken und hervortretende Schwierigkeiten können rechtzeitig erkannt, jedes Kind gezielt gefördert bzw. unterstützt werden.

Ich lerne „meine" Kinder ganz neu und von unterschiedlichen Seiten kennen

Manche Kinder fallen uns immer dann auf, wenn es Streit gibt oder etwas kaputt geht. Andere, weil sie anscheinend immer Erster sein wollen und nie warten können. Verlassen wir uns lediglich auf diese wenigen Ausschnitte unserer Wahrnehmung, erhalten wir ein verzerrtes und einseitiges Bild. Gezielte Beobachtung in unterschiedlichen Situationen führt zu umfassenderen, oft überraschenden Einsichten in das Verhalten, die Gefühlslagen und die sozialen Kontakte eines Kindes. Man beginnt, das Kind „mit anderen Augen zu sehen". Dadurch verändern und intensivieren sich auch Beziehungen zu einzelnen Kindern.

Ich kann mir ein differenziertes Bild von meiner gesamten Kindergruppe machen

Mit entsprechenden Verfahren können Erzieherinnen Informationen über die sozialen Kontakte und Spielpartnerschaften innerhalb der Kindergruppe, über bevorzugte Spielorte und -materialien bestimmter Kinder und Kleingruppen sammeln. Sie können einschätzen, welche Kinder befreundet sind und welche miteinander rivalisieren. Sie registrieren, an welcher Position im sozialen Gruppengefüge einzelne Kinder stehen und wie sich Konstellationen verändern, wenn Kinder neu hinzukommen oder die Gruppe verlassen.

Kenntnisse über Themen, Interessen, Bedürfnisse und Entwicklungsverläufe ermöglichen mir eine individualisierte pädagogische Planung im Hinblick auf Bildungsgelegenheiten in der Kita

Erzieherinnen erarbeiten sich durch regelmäßige Beobachtungen ein fundiertes Bild von den individuellen Entwicklungswegen jedes Kindes und können anstehende Bildungsschritte gezielt unterstützen. Sie erhalten eine Grundlage für die Planung von pädagogischen Angeboten, ebenso wie für die Auswertung von Angeboten, Projekten und Aspekten der Tages- und Raumgestaltung.

Ich kann Situationen besser analysieren und den Erfolg pädagogischer Maßnahmen objektiver beurteilen
Über Beobachtungen und ihre Dokumentation lassen sich Informationen über Nutzungsmuster von Räumlichkeiten und Materialien und das Engagement von Kindern bei unterschiedlichen Aktivitäten, Angeboten und Projekten gewinnen. Damit können problematische Raumsituationen erkannt und verändert werden, Angebote und Projekte ausgewertet und so verbessert werden, dass noch mehr Kinder noch stärker davon profitieren.

Die Beobachtungsnotizen verdichten sich mit anderen Dokumenten und Produkten kindlichen Tätigseins zu einer persönlichen Entwicklungs- und Bildungsbiographie jedes Kindes
Die Forderung, Prozesse und Ergebnisse der pädagogischen Arbeit zu dokumentieren, wird in Qualitätshandbüchern und Bildungsprogrammen regelmäßig erhoben. Aufzeichnungen, Fotos, Produkte der Kinder und andere Materialien können dazu genutzt werden. Sie wachsen im Laufe der Zeit zu einer einzigartigen Sammlung von Lernspuren und Entwicklungswegen jedes Kindes, das darüber auch ein Bewusstsein seiner eigenen Lerngeschichte entwickeln kann.

Die dokumentierten Beobachtungen nutze ich als Grundlage für einen informierten und am Wohl des Kindes orientierten Austausch mit Eltern, Kolleginnen und ggf. externen Institutionen (Fachdiensten, Schulen)
Eltern wünschen sich regelmäßige und nachvollziehbare Informationen über das Verhalten und die Entwicklungsfortschritte

ihres Kindes. Die Erkenntnisse der pädagogischen Fachkräfte werden sich dabei verstärkt auf das Verhalten des Kindes in Gruppensituationen und mit anderen Kindern beziehen, aber auch auf den individuellen Entwicklungsverlauf eines Kindes in verschiedenen Entwicklungsbereichen. Eltern erleben ihr Kind im Familienzusammenhang, sie kennen seine Vorlieben und Verhaltensbesonderheiten und wissen, welche Fragen es gerade beschäftigen. Ein regelmäßiger Austausch über die Beobachtungen von Erzieherinnen und Eltern dient dem Aufbau einer beidseitig getragenen Erziehungspartnerschaft. Systematisch dokumentierte Beobachtungen sind auch die Basis, auf der sich Erzieherinnen im fachlichen Dialog mit ihren Kolleginnen über Themen und Bildungsprozesse der Kinder verständigen können und sie geben Hinweise auf etwaige Verhaltensprobleme oder Entwicklungsverzögerungen einzelner Kinder. Schließlich leisten sie auch im Kontakt mit Fachdiensten und externen Institutionen (z. B. im Rahmen der Kooperation beim Übergang in die Grundschule) wichtige Dienste.

Durch systematische Beobachtung und Dokumentation stärke und erweitere ich meine professionellen Kompetenzen

Mit dem Wandel des Bildes vom Kind, das heute stärker als früher als aktives, sich in einem Prozess der Selbstbildung eigenständig und kreativ Wissen aneignendes Individuum gesehen wird, haben sich auch die Anforderungen an pädagogische Fachkräfte verändert. Sie werden zu Wegbereiterinnen und Begleiterinnen des Kindes. Dabei sollen sie als Dialogpartnerin zur Verfügung stehen, für eine angemessene und herausfordernde Umwelt sorgen und gezielte Impulse setzen. Regelmäßige Beobachtungen und Aufzeichnungen stellen hierfür eine wichtige Grundlage dar; der Blick schärft sich, für Typisches, aber auch für Unerwartetes und Überraschendes. Man wird sensibler in der Wahrnehmung, sicherer in der Einschätzung und treffender in der Beschreibung von Verhaltensweisen und Situationen. Eine regelmäßige Beobachtungspraxis dient somit gleichzeitig der kontinuierlichen fachlichen Weiterqualifikation.

3.2 Zeitliche und personelle Planung von Beobachtung

„Beobachten ist wichtig, aber ich komme einfach nicht dazu" – das ist wohl die häufigste Aussage, wenn es um die Frage geht, wie man als Fachkraft zum regelmäßigen Beobachten steht. Und es stimmt tatsächlich: wenn Beobachten, Dokumentieren und die Auswertung des Aufgezeichneten keinen systematischen Platz im Kindergartenalltag haben, werden diese Tätigkeiten von den vielen anderen Aufgaben überlagert und verdrängt. Deshalb ist die zeitliche und personelle Planung von Beobachtung von entscheidender Bedeutung, damit sich eine regelmäßige Beobachtungspraxis und von allen getragene Beobachtungskultur in einer Einrichtung entwickeln kann. Zwar kann es keinen für alle Einrichtungen gültigen, verbindlichen „Beobachtungsplan" geben, denn jede Kita hat ihre jeweils individuellen Schwerpunktsetzungen, Rahmenbedingungen oder auch Trägervorgaben, die es zu berücksichtigen gilt. Dennoch gibt es einige grundsätzliche Punkte, die sich für eine gelingende Planung und Organisation als wesentlich herausgestellt haben. Sie sollen im Folgenden erörtert werden.

Wie ausführlich in Kapitel 2.2 dargestellt, sollte eine Beobachtungsplanung immer damit beginnen, zu überprüfen, welche Vorgaben und Richtlinien für die fachliche Arbeit gültig sind und welche Ziele mit dem Beobachten erreicht werden sollen bzw. welche Schwerpunkte Sie setzen möchten. Auf diesen Überlegungen beruht die Vorentscheidung für die in Frage kommenden Beobachtungsverfahren. Nun ist allerdings noch die Frage zu klären, wie genau Beobachtung und Dokumentation in die Alltagspraxis integriert werden können.

Abschätzung des zeitlichen Aufwands für die Beobachtung und Dokumentation

Je nachdem, wie viele und welche Beobachtungsverfahren Sie einsetzen möchten, variiert der Zeitaufwand für die Erhebung und Dokumentation unter Umständen beträchtlich. Berechnen Sie: wie viele Kinder sind zu beobachten, wie häufig sollen diese im Fokus stehen und wie zeitaufwändig ist die einzelne Beobachtung? Daraus erhalten Sie einen ersten Anhaltspunkt für die notwendigen zeitlichen Ressourcen. Nehmen wir als Beispiel eine Einrichtung, die regelmäßig Kurzbeobachtungen zu den „Themen der Kinder" (vgl. Kapitel 4.7) durchführen und zusätzlich einmal jährlich die „Grenzsteine der Entwicklung" (Kapitel 4.2) einsetzen möchte. Die Einrichtung betreut 60 Kinder in drei Gruppen, für die jeweils eine Haupterzieherin zuständig ist, und eine Zweitkraft. Für die „Grenzsteine der Entwicklung" sind jeweils im Umfeld des Geburtstags eines Kindes ca. 10 Minuten Beobachtungszeit einzuplanen, pro Gruppe also 20 mal 10 Minuten = 200 Minuten oder ca. 3,5 Stunden. Außerdem soll jeweils ein Kind an drei Tagen einer Woche für fünf Minuten beim Freispiel beobachtet werden, um herauszufinden, was möglicherweise seine aktuellen Bildungsthemen sind. Für diese Beobachtungen sind also täglich noch einmal jeweils ca. 5 Minuten einzuplanen. Am Ende des dreitägigen Beobachtungszyklus eines Kindes benötigen Sie Zeit, um sich über das Beobachtete Gedanken zu machen und Ihre Interpretationen bzw. Schlussfolgerungen zu notieren. Wenn Sie sich dafür noch einmal eine Viertelstunde zugestehen, sind Sie in ihrer Planung bei einem wöchentlichem Zeitaufwand von einer knappen Stunde angelangt. Mit diesem Ansatz erhalten Sie für jedes Kind ca. drei interpretierte Beobachtungs-Zyklen im Kindergartenjahr, die Ihnen Anhaltspunkte für seine individuellen Themen und Interessenbereiche geben sowie eine systematische Einschätzung, ob sich das Kind in den zentralen Entwicklungsbereichen im so genannten „Normalbereich" befindet.

Letztendlich müssen Sie bzw. das Team entscheiden, welchen zeitlichen Aufwand Sie leisten können und wollen. Die obige Beispielrechnung macht jedoch auch deutlich, dass der Aufwand nicht übermäßig hoch sein muss, um regelmäßige und aussagekräftige Beobachtungen durchführen zu können.

Zuordnung von „Zielkindern"

Wann immer Sie Beobachtungsverfahren einsetzen, die auf das einzelne Kind fokussieren, muss geklärt werden, wer für die Beobachtung welcher Kinder zuständig ist. Sinnvoll ist es natürlich, wenn dies die für das Kind verantwortliche Gruppenerzieherin ist. Dabei sollten die in einer Gruppe zusammenarbeitenden Fachkräfte die Kinder gemäß ihren Arbeitszeitanteilen „aufteilen". Vielleicht entscheiden Sie sich aber auch dafür, dass die Kinder nicht nur von der Gruppenerzieherin, sondern ergänzend auch von anderen Kolleginnen beobachtet werden. So erhalten Sie Eindrücke von unterschiedlichen Personen, die einander ergänzen und helfen können, „blinde Flecken" zu vermeiden. In der offenen Arbeit sollten den Kindern ebenfalls Bezugs-Beobachterinnen zugeordnet werden, die dann die Gesamtverantwortung dafür haben, dass alle geplanten Beobachtungen durchgeführt, die Notizen gesammelt und ausgewertet bzw. das Portfolio gepflegt werden. Beobachtungserfahrene Teams berichten, dass jede Fachkraft die Zuständigkeit für ca. acht bis zehn Ziel- bzw. Kontaktkinder übernehmen kann. Dies ist ein Erfahrungswert, der aber auch davon abhängt, wie viele Beobachtungen sie durchführen wollen, wie zeitaufwändig die Verfahren sind und wie gut Sie sich gegenseitig unterstützen.

Personelle Planung für die Beobachtungszeiten

Während Sie beobachten, muss sichergestellt sein, dass eine andere Person für die Sicherheit der Kinder und als ihr Ansprechpartner zur Verfügung steht. Natürlich kann und sollte eine Situation, die Ihre Aufmerksamkeit erregt, auch kurz zwischendurch in Stichworten protokolliert werden, selbst wenn Sie mit den Kindern alleine sind (vgl. Kapitel 6.1). In der Regel werden Sie jedoch nach einem bestimmten Beobachtungsplan vorgehen, und das bedeutet, dass es Absprachen darüber geben muss, welche Kollegin für die Kinder zuständig ist, während Sie beobachten. In Gruppen, in denen zwei oder sogar drei Kolleginnen zusammenarbeiten, ist dies kein Problem. Wenn klar ist, wer welche Kinder beobachtet, genügt eine kurze Verständigung untereinander („Ich fang' gleich mal an, den Lukas zu beobachten, o.k.?"). Schwieriger wird es, wenn Sie alleine für die Betreuung Ihrer Gruppe verantwortlich sind. Dann müssen im Team Wege und Lösungen gefunden werden. Kann beobachtet werden, wenn eine Springerkraft zur Verfügung steht? In diesem Fall können Sie eventuell nicht ein Kind täglich beobachten, sondern an den Tagen, an denen Sie eine zusätzliche Kraft im Raum haben, mehrere Kinder hintereinander. Oder Sie weichen auf Situationen aus, wo andere Kolleginnen die Beaufsichtigung mit übernehmen können, z. B. beim Spiel im Freien. Eine andere Möglichkeit besteht darin, die Gruppen für eine gewisse Zeit am Tag zusammenzulegen oder einfach die Türen zu öffnen; so kann die eine Kollegin beobachten, während sich die andere um die Kinder kümmert. Allerdings schafft man durch diese Arrangements auch besondere Situationen, und es könnte sein, dass sich die Kinder davon in ihrem Verhalten beeinflussen lassen, was die Beobachtungsergebnisse wiederum verzerrt.

Wenn Sie der Meinung sind, es gäbe in Ihrer Einrichtung keinen Spielraum, um regelmäßige Beobachtungen und ihre Auswertung in die professionelle Arbeit zu integrieren, ist die systematische Suche nach versteckten zeitlichen Ressourcen durch eine genaue Bedarfsanalyse zu empfehlen. Vielleicht beginnen Sie anlässlich Ihrer Beobachtungsvorhaben, einmal über flexible Arbeitszeitmodelle nachzudenken, um starke Schwankungen zwischen Phasen höchster und niedriger Arbeitsbelastung auszugleichen und bedarfsgerechte Lösungen zu finden. Anregungen und konkrete Umsetzungsvorschläge dazu sind z. B. bei Cramer (2003) ausführlich und anschaulich beschrieben.

Zeiten für Austausch und Reflexion im Team

Keine Kindertageseinrichtung, die den Bildungsauftrag, der an sie gerichtet ist, ernst nimmt, kann auf den regelmäßigen fachlichen Austausch im Erzieherinnenteam verzichten. Die gängige Praxis in vielen Einrichtungen sieht jedoch immer noch anders aus. Besprechungen werden überwiegend für die Klärung organisatorischer Fragen genutzt und sind oftmals schlecht vorbereitet und moderiert, was sich z. B. in zähen, meist fruchtlosen Diskussionen um Nichtigkeiten niederschlägt. Wenn eine Einrichtung Beobachtung und Dokumentation als Fachaufgabe regelmäßig wahrnehmen möchte, muss sie eine solche Besprechungspraxis verändern und ihren eigentlichen Sinn, der in der Reflexion und Weiterentwicklung der pädagogischen Arbeit liegt, wieder in den Vordergrund stellen. Anteile für Organisatorisches sollten von vornherein zeitlich begrenzt und deutlich von den inhaltlichen Diskussionen und Auswertungsgesprächen abgegrenzt werden. Die Teamsitzungen können dann, je nachdem, an welchem Punkt sich die Einrichtung befindet und welche Schritte anstehen, zur Vorstellung und kritischen Sichtung von Instrumenten, zum Erfahrungsaustausch, zur kollegialen oder gemeinsamen Weiterbildung und natürlich zur Besprechung und Analyse von Beobachtungen und der darauf aufbauenden

Planung von Bildungsangeboten genutzt werden. Jede Einrichtung wird den Zeitabstand und die Dauer dieser Besprechungen in Abstimmung mit ihren Bedarfen, Ansprüchen und Ressourcen selbst festlegen müssen. In größeren Einrichtungen wird es kaum möglich und auch nicht zielführend sein, die Sitzungen immer im Gesamtteam abzuhalten; stattdessen sollten sich Unterteams zusammenfinden, die sinnvolle Arbeitseinheiten bilden und deren Mitglieder sich gegenseitig unterstützen und Feedback geben können.

Schriftliche Beobachtungsplanung

Es hat sich als günstig erwiesen, eine schriftliche Beobachtungsplanung zu erstellen. Sie stellt sicher, dass Beobachtungszeiten für alle Kinder der Gruppe bzw. alle anzuwendenden Verfahren berücksichtigt werden und hilft, den Überblick darüber zu behalten, ob alle und wann einzelne Kinder im Fokus standen. In die schriftliche Beobachtungsplanung gehören auch die Termine für die fachliche Auseinandersetzung mit allen Themen „rund ums Beobachten" im Team sowie Zeiten für Elterngespräche. Optimal ist es, wenn Sie zwei Arten von Planern anlegen: Einen zeitlich nach Tagen und Wochen organisierten Überblicksplaner, in den eingetragen wird, an welchen Tagen welche Beobachtungstermine anstehen; sowie für jedes Kind einen individuellen Beobachtungsplan, der zum Portfolio bzw. den Beobachtungsnotizen geheftet wird und darüber informiert, wann welche Beobachtungen fällig und erfolgt sind. Als Überblicksplaner können Sie einen einfachen Terminkalender nutzen, der ausreichend Platz für tägliche Eintragungen aufweist. Er sollte sichtbar aufgehängt bzw. an eine Stelle gelegt werden, sodass er jederzeit „im Blick" ist und seine Funktion als Terminwächter auch erfüllen kann.

eispiel: Eintragungen im Überblicksplaner

Felix (3/1) Lia GS!	Felix (3/2)	Felix (3/3) + Auswertung	Özlem (3/1)	Özlem (3/2)	....	....
....	....	....	....	....	....	....
2. Mai Mo.	3. Mai Di.	4. Mai Mi.	5. Mai Do.	6. Mai Fr.	7. Mai Sa.	8. Mai So.

In dieser Beispielwoche wird Felix das dritte Mal in diesem Kindergartenjahr dreimal hintereinander jeweils ca. 5 Minuten beobachtet (mit dem Verfahren „Themen der Kinder", vgl. Kapitel 4.7). Am dritten Tag plant die Erzieherin (nennen wir sie wie im Beispiel im Kapitel 1 Anja) noch ca. 15 Minuten zusätzlich für eine erste Interpretation des Beobachteten ein. Für Özlem stehen Donnerstag und Freitag der erste und zweite von den insgesamt geplanten drei Beobachtungstagen des dritten Durchgangs der „Themen der Kinder" an (ebenfalls je 5 Minuten). Am Montag sollen die jährlichen „Grenzsteine der Entwicklung" für Lia erhoben werden, die am Freitag ihren vierten Geburtstag feiert. Am Dienstagnachmittag ist ein Gespräch mit den Eltern von Dimitri vorgesehen; Anja wird sich mit den Eltern das Portfolio des Jungen ansehen und darüber berichten, wie konzentriert und ausdauernd Dimitri im Kindergarten mit Legosteinen baut. Und dann ist wie immer am Donnerstag die Teamsitzung. Diesmal geht es um die Auswertung der „Grenzsteine der Entwicklung" derjenigen Kinder, für die aus dem letzten Monat Erhebungen vorliegen. Außerdem sollen Erfahrungen mit dem Verfahren ausgetauscht werden.

Individueller Beobachtungsplan

Max ist im September neu in die Kita gekommen. Direkt nach der Eingewöhnungsphase erstellt die Gruppenerzieherin Rita ein Kontaktsoziogramm (vgl. Kapitel 4.8), um zu schauen, ob es vielleicht bestimmte Kinder gibt, an die sich Max anschließt. Im Oktober erfolgte eine Erhebung mit der Leuvener Engagiertheitsskala (vgl. Kapitel 4.6), wie sie für alle Kinder zweimal jährlich durchgeführt

Beispiel: individueller Beobachtungsplan für ein Jahr / Stand Februar 2005
Portfolio-Dokumentation

für ..... Max L ....
Zeitraum: ..... September 2004–Juli 2005

Instrument / Verfahren / Dokumentationsform	Erhebung geplant	Erhebung erfolgt/ von wem	Auswertung / Bemerkungen
Leuvener Engagiertheitsskala	Oktober 2004	12. Oktober Rita	Im Team 19. Oktober
	April 2005		
Themen der Kinder	Oktober 2004 / 1	2.10. / Rita	
	Oktober 2004 / 2	14.10. / Judith	
	November 2004 / 1	10.11. / Rita	
	November 2004 / 2	22.11. / Rita	Alles: 23.11. im Team
	Dezember 2004 / 1	–	Krankheit Max und Rita
	Januar 2004 / 1	12.1. / Rita	
	Januar 2004 / 2	22.1./ Rita	Mit Judith besprochen 23.1.
	Februar 2004 / 1	2.2. / Rita	
	Februar 2004 / 2	19.2. / Judith	
	März 2004 / 1	3.3. / Judith	
	März 2004 / 2	18.3. / Rita	Alles: 25.3. im Team
...			
Kontakt-Soziogramm	September 2004	20. September Rita	Teamsitzung 29.9.
	März 2005	10.3. / Rita und Judith	
Gespräche mit Eltern	November 2004	26.11. / Rita	Thema: Wie gut hat sich Max eingelebt, Soziogramm, Bildungsthemen
	Mai 2005		Bildungsthemen

wird. Auch diese Einrichtung beobachtet die „Themen der Kinder",
allerdings nur zweimal pro Kind und Kindergartenjahr. Rita und
Judith, die Zweitkraft, wechseln sich dabei ab. Die Termine für
Max sind – wie für jedes Kind – vorgeplant, allerdings kommt es
manchmal zu Änderungen wegen Krankheit bzw. Abwesenheit von
Kindern oder Erzieherinnen. In den Planer wird deshalb in die
dritte Spalte eingetragen, wann und durch wen die Beobachtung
tatsächlich erfolgte. Auch die ungefähren Termine für die Eltern-
gespräche sind vermerkt. Im November, beim ersten Eltern-
gespräch, ging es natürlich darum, wie gut sich Max eingelebt
hat. Die vierte Spalte bietet Platz, um die Termine von Auswer-
tungsgesprächen bzw. kurze inhaltliche Bemerkungen zu notieren.

Verfügbarkeit der Verfahren und technischen Hilfsmittel

Zu einer soliden Beobachtungsplanung gehört auch, dass die
einzusetzenden Verfahren und etwaige technische Hilfsmittel
verfügbar und einsatzbereit sind. Jede Erzieherin sollte die Be-
obachtungsinstrumente, mit denen sie arbeitet, griffbereit in ihrem Gruppenraum oder an einem anderen gut zugänglichen
Platz zur Verfügung haben. Dazu gehören nicht nur die Formblätter für die Dokumentation der Beobachtungen, die in aus-
reichender Kopien-Anzahl vorhanden sein müssen, sondern
auch die begleitenden fachlichen Unterlagen (z. B. Kuno Bellers
Entwicklungstabelle, Leuvener Engagiertheitsskala). Sollen Fotos oder Videoaufnahmen zur Dokumentation und Analyse he-
rangezogen werden, müssen Fotoapparat und Videokamera an
dafür vorgesehenen, möglichst zentralen bzw. strategisch güns-
tigen Orten deponiert sein, damit auch spontane Aufnahmen
möglich werden. Erfolg und Spaß an der Arbeit mit diesen Do-
kumentationsformen werden sich eher einstellen, wenn die
technischen Hilfsmittel von angemessener Qualität und vor allem ohne Zeitverluste einsetzbar sind. Das bedeutet, dass sich

jeder dafür mitverantwortlich fühlen muss, dass ein Film in den Fotoapparat eingelegt ist, Ersatzfilme im Schrank liegen, Videokassetten vorhanden sind und der Akku der Videokamera aufgeladen ist. Stimmen Sie im Team Verantwortlichkeiten ab und verabreden Sie Regeln für den Einsatz der technischen Geräte, u. a. weil hierbei auch der finanzielle Aufwand relativ hoch sein kann.

Absprachen mit Eltern und Kindern

Die aufmerksame Beobachtung von Kindern gehört zu den genuinen Fachaufgaben von Erzieherinnen und bedarf deshalb nicht der expliziten Zustimmung von Eltern bzw. sonstigen erziehungsberechtigten Personen. Etwas heikler sieht es dagegen schon mit schriftlichen Notizen aus, die personenbezogene Aussagen und Interpretationen enthalten, und mit systematischen Aufzeichnungen über den kindlichen Entwicklungsstand. Wenn Sie sich für ein Beobachtungsverfahren entschieden haben bzw. sich das Team auf ein Beobachtungsverfahren geeinigt hat, ist es deshalb unbedingt angeraten, die Eltern der Kinder umfassend darüber zu informieren, was in der nächsten Zeit in der Kindertageseinrichtung passieren wird und abzuklären, welche Erwartungen Erzieherinnen und Eltern mit der Beobachtung und Dokumentation der kindlichen Lern- und Bildungsprozesse verbinden. In jedem Fall sollte das Einverständnis der Eltern eingeholt werden, sobald Aufzeichnungen verschriftlicht werden sollen. Wenn Foto- und Videoaufnahmen geplant sind oder ein Portfolio angelegt werden soll, sollten die Eltern darum gebeten werden, ihr Einverständnis in schriftlicher Form niederzulegen. Auch die Kinder sind darüber zu informieren, dass ihre Erzieherin ihnen in nächster Zeit manchmal nicht unmittelbar zur Verfügung steht, weil sie beobachtet und aufschreibt, was die Kinder tun. Und sicherlich sind die meisten Kinder zumindest am

Anfang neugierig, was wohl über sie geschrieben wurde – insofern sollten Sie sich auch Gedanken darüber machen, in welcher Weise Sie die Kinder einbeziehen, mit ihnen über Ihre Beobachtungen sprechen bzw. die Kinder selbst zu Wort kommen lassen und ihre eigene Sicht der Dinge einbeziehen wollen.

Die Aufzeichnungen gelten als Eigentum der Kinder bzw. Eltern; diese entscheiden auch darüber, was mit ihnen geschieht, wenn das Kind die Kita verlässt. Wenn Kindergarten und Schule gut miteinander kooperieren, kann z. B. die Weitergabe von Portfolios die Basis dafür sein, dass die Lehrkraft in der Schule individuelle Anknüpfungspunkte an die Bildungsbiographie der neuen Schüler und Schülerinnen findet. Da jedoch auch negative und sogar missbräuchliche Nutzungsmöglichkeiten nicht auszuschließen sind, haben Eltern hierbei die alleinige Entscheidungsbefugnis.

Praxiserfahrungen zeigen, dass die meisten Eltern ein starkes Interesse daran haben, von den Erzieherinnen konkrete Auskünfte über das Verhalten und die Aktivitäten ihres Kindes im Kita-Alltag sowie über seine Entwicklung zu erhalten, und deshalb systematischer Beobachtung und Dokumentation positiv gegenüberstehen. Im Gegenzug werden sie vielleicht angeregt, ebenfalls Typisches oder Überraschendes über ihr Kind zu berichten. Mit Beobachtungen, Fotografien oder Anekdoten aus dem Familienalltag können die Eltern zur dokumentierten Bildungsgeschichte ihres Kindes beitragen. Es geht also nicht nur um ein passives „Einverstandensein", sondern um die Chance, mit Eltern und Kindern in einen spannenden und gegenseitig bereichernden Austausch zu treten.

3.3 Die häufigsten Beobachtungs-„Fallen" und wie man sie umgeht

Erinnern Sie sich an die dritte Rechtfertigung, die von den Erzieherinnen im Eingangsszenario von Kapitel 3 vorgebracht wurde? Sie konnten mit dem, was sie – mehr oder weniger systematisch – notiert hatten, „nichts" anfangen. Es erschien ihnen nicht treffend, zufällig, vielleicht banal; auf jeden Fall hatten sie Mühe, das Geschriebene für ein tieferes Verständnis der kindlichen Handlungen und als Ausgangspunkt für Bildungsangebote zu nutzen. Die Schwierigkeiten der Erzieherinnen können dabei sowohl auf der Seite des Wahrnehmungsprozesses als auch auf der Seite der Verschriftlichung des Beobachteten gelegen haben. In der sozialwissenschaftlichen Forschung und Literatur werden hierzu eine Vielzahl von Einfluss- und Fehlerquellen aufgeführt, die die Güte von Beobachtungen beeinträchtigen können (vgl. z. B. Greve & Wentura 1997). Die anwendungsorientierte pädagogische Beobachtung in Kindertageseinrichtungen muss und kann nicht allen diesen wissenschaftlichen Ansprüchen genügen. Im Gegenteil sind manche Forderungen, die an wissenschaftliche Beobachtungen gestellt werden, für die pädagogische Praxis kontraproduktiv oder lassen sich gar nicht umsetzen. So gilt z. B. bei bestimmten Beobachtungsansätzen, die zur Beantwortung einer Forschungsfrage eingesetzt werden, dass dem Beobachter die Hypothesen (also die Annahmen der Wissenschaftler über gewisse Zusammenhänge) möglichst nicht bekannt sein sollen. In der Pädagogik wäre ein solches Vorgehen weder möglich noch sinnvoll. Umgekehrt hat sich herausgestellt, dass sich bei der Einführung einer Beobachtungspraxis in Kitas zum Teil weitere, für dieses Setting typische Schwierigkeiten ergeben können. Die folgenden Ausführungen gehen somit nicht auf alle möglichen Beobachtungsfehler und -hindernisse ein, sondern stellen die Faktoren heraus, die sich beim Beobachten in einer Kindertageseinrichtung als besonders kritisch erwiesen haben. Dabei kommen sowohl

Punkte zur Sprache, die sich auf Besonderheiten und Fehlerquellen unserer Wahrnehmungsleistungen allgemein beziehen, als auch problematische Aspekte der Dokumentation und generellen Beobachtungsplanung.

Rollenkonflikte: Beobachterin oder Ansprechpartnerin?

Wenn Sie gezielt beobachten wollen, verlassen Sie automatisch die Rolle, die Sie die überwiegende Zeit des Tages in der Einrichtung innehaben und in der die Kinder und ihre Kolleginnen Sie normalerweise wahrnehmen. Für die Dauer einer Beobachtung sollte Ihre Aufmerksamkeit vollständig auf das zu beobachtende Kind oder die einzuschätzende Situation gerichtet sein. Das heißt, dass Sie nicht gleichzeitig dafür zuständig sein können, wenn Sevec Hilfe beim Basteln braucht, Marie und Lene anfangen, sich heftig zu streiten oder Tomas mit dem Roller stürzt. Um diesem Dilemma zu begegnen und Beobachtungssituationen zu schaffen, die stressfrei und zielführend sind, sind mehrere Punkte zu klären. Zum einen sollten ihre Aufgaben und Funktionen für die Zeit der Beobachtung möglichst umfassend von anderen übernommen werden. Das geht bei kleineren Beobachtungsvorhaben über informelle kollegiale Absprachen. Entscheidet sich das gesamte Team einer Einrichtung oder eine größere Einheit für die Einführung regelmäßiger Beobachtungsprozeduren, dann gehört dazu eine übergreifende systematische Zeitplanung mit festen Absprachen (vgl. Kapitel 3.2). Zum anderen ist es wichtig, die unterschiedlichen Rollen auch für sich persönlich zu klären. Was gebe ich auf, wenn ich mich bewusst eine kurze Zeit aus dem Gruppengeschehen zurückziehe, und was gewinne ich dabei? Manchen Kolleginnen fällt es schwer, die Verantwortung für „ihre" Kinder an andere abzugeben, oder sie werden beim Beobachten von dem unterschwelligen Gefühl begleitet, nur „herumzusitzen" und nicht wirklich zu arbeiten. Dann kann es sein, dass im Team noch eine Diskussion und Konsensbildung über den Stellenwert von Beobachtung in der pädagogischen Arbeit ansteht (vgl. Kapitel 2.2). Drittens werden natürlich die Kinder ihr verändertes Verhalten bemerken und darauf reagieren. Stellen Sie also sicher, dass die Kinder wissen, was Sie tun, und vereinbaren Sie Umgangsweisen und Regeln für den Beobachtungszeitraum.

Vorschnelle Interpretation oder Vermischung von Beobachtung und Interpretation

Eigentlich könnte man meinen, es gäbe kaum etwas Einfacheres als zu beobachten. Schließlich tut es jeder von uns täglich, um im Alltag bestehen zu können. Unsere Sinnesorgane – allen voran unsere Augen und Ohren als die im menschlichen Sinnessystem vorherrschenden Informationsquellen – nehmen in jeder Minute unzählige Eindrücke auf, die vorselektiert werden, dann über Nervenbahnen an verschiedene Regionen im Gehirn weitergeleitet und dort mit früheren Erfahrungen und Eindrücken abgeglichen, bewertet und gespeichert werden. Auf der Grundlage dieser Prozesse wählen wir – oft auch unbewusst – zu den Sinneseindrücken passende Reaktionen aus und setzen diese in Handeln um. Jeder von uns verfügt dabei über einen individuellen Mix aus dem, was überhaupt wahrgenommen wird, wie diese Situation oder dieses Verhalten bewertet wird und welche Reaktion darauf vorzugsweise erfolgt.

Wahrnehmung, gefühlsmäßige Reaktion und Bewertung des Wahrgenommenen sind also eng miteinander verknüpft. Stellen Sie sich vor, sie beobachten, wie ein Vorschulkind eine enge, beidseitig zugeparkte Straße überqueren will. Es lugt hinter den parkenden Autos hervor, schaut nach rechts und links und läuft los; am anderen Ende muss es ein paar Meter zur Seite gehen, um überhaupt eine Lücke zwischen zwei Autos zu finden und auf den gegenüberliegenden Bürgersteig gelangen zu können. Beim Zuschauen stellt sich wahrscheinlich bei Ihnen eine Mischung aus Unbehagen, Angst, Erleichterung (als das Kind sicher auf der anderen Seite steht) und Ärger ein. Aber wie bewerten Sie die Situation? Vielleicht denken Sie „Großstadtkinder sind heute viel kompetenter im Straßenverkehr als früher. Das hat es wirklich gut gemacht!". Oder Sie sagen sich „Was hat dieses Kind für unverantwortliche Eltern. Wenn der Schulweg so unsicher ist, müssen sie es eben von der Schule abholen!". Vielleicht ärgern Sie sich auch darüber, dass „die Verwaltung" keinen Zebrastreifen anlegt oder Parkverbote verhängt.

Diese Assoziationen und Gefühle sind häufig unbewusst und zunächst einmal willentlich auch nicht steuerbar. Im Alltag ist dieses Zusammenspiel sehr entlastend und funktional; wenn wir jedes Mal darüber nachdenken müssten, welche persönliche Bedeutung eine Situation für uns hat, und welche mögliche Bedeutung sie darüber hinaus haben könnte, wären wir kaum noch handlungsfähig. Oft sind unsere Bewertungen stark durch vorhergegangene Erfahrungen und persönliche Hintergründe bestimmt. In der pädagogischen Arbeit kann dies problematisch sein, wenn ich nicht bereit bin, meine eigene Perspektive zu hinterfragen. Wer als Kind gelernt hat, dass Konflikte etwas Schlechtes sind und dafür gescholten oder bestraft wurde, mag sehr empfindlich auf Konflikte in seiner Gruppe reagieren und neigt eventuell dazu, die streitenden Kinder im Verhalten und selbst in ihren Persönlichkeiten negativ zu beurteilen: als streitsüchtig, aggressiv oder verhaltensauffällig. Dann bleibt ihm jedoch der Blick für Wesentliches verstellt: z. B. dafür, dass Konflikte immer auch Lernchancen bieten, dass Kinder meist ein durchaus breites Verhaltensrepertoire einsetzen und dass neben dem vordergründig sichtbaren Thema („Wer darf auf die Schaukel?") meist noch andere wichtige Entwicklungsthemen verhandelt werden, wie z. B. das moralische Thema der Gerechtigkeit: „Du bist schon ganz lange dran, jetzt will ich aber!".

Die Verknüpfung von Wahrnehmung, gefühlsmäßiger Reaktion und Bewertung lässt sich auch bei der pädagogisch eingesetzten Beobachtung nicht einfach lösen. Denken Sie an unser Eingangsbeispiel. Dort reagierte die Erzieherin Anja zunächst auch spontan und gefühlsmäßig auf die anscheinend aggressiven großen Jungen. Der wichtige Unterschied liegt darin, dass wir uns bei der pädagogischen Beobachtung dieser verschiedenen Komponenten bewusst werden und reflektiert damit umgehen sollten. Deshalb ist es sinnvoll, bei der Dokumentation von freien Beobachtungssituationen die folgenden Aspekte getrennt voneinander zu behandeln:

- *Wie stellt sich die Situation dar?* Was genau kann ich beobachten? Was tun, was sagen die Kinder? Welche Mimik und Körpersprache setzen sie ein? Weiß ich etwas über den Kontext, in dem das Beobachtete stattfindet?

- *Was macht diese Situation mit mir?* Welche spontanen Gefühle löst das Verhalten der Kinder in mir aus? Habe ich den Impuls, einzugreifen? Weshalb? Bin ich wach und interessiert, gelangweilt, innerlich berührt oder distanziert?

- *Welche Schlüsse ziehe ich?* Welche Erklärungen finde ich für das Beobachtete? Welche Motive, Bedürfnisse, Kompetenzen oder Schwierigkeiten unterstelle ich dem beobachteten Kind? Wird das Bild, das ich von diesem Kind habe, durch meine Beobachtungen bestätigt, erweitert, verändert? Sind auch andere Interpretationen denkbar, was denken z. B. meine Kolleginnen darüber?

Gefahr des „vorherrschenden Eindrucks" – Erwartungseffekte

Mit der Gefahr des vorherrschenden Eindrucks ist die in vielen Versuchen nachgewiesene Tendenz von Beobachtern gemeint, in ihren Beschreibungen und Urteilen möglichst konsistent, also widerspruchsfrei zu bleiben. Um dies zu erreichen, neigt man dazu, einzelne Urteile in Abhängigkeit von einem bestehenden Gesamteindruck oder einem besonders hervorstechenden Merkmal zu fällen. Ebenso fällt es uns leichter, frühere Beobachtungen oder Einschätzungen im Zweifelsfall eher zu bestätigen als zu widerlegen. Wir werden also dazu tendieren, vor allem solche Situationen wahrzunehmen, die unserem bisherigen Eindruck entsprechen („Melanie versucht nie etwas alleine zu schaffen! Da kommt sie schon wieder und will Hilfe!") und Verhaltensweisen so zu interpretieren, dass unser einmal gewonnener Eindruck sich verfestigt und eher nicht in Frage gestellt wird. Haben wir über ein Kind die Meinung, es setze sich bei Streitereien meist auf aggressive Art und Weise durch, so neigen wir dazu, in zukünftigen Konfliktsituationen Gleiches anzunehmen und richten unsere Aufmerksamkeit genau auf diese Verhaltensweisen. Wir übersehen vielleicht, dass es neben den aggressiven Verhaltensweisen auch andere Strategien ausprobiert oder nehmen gar nicht wahr, dass es in anderen Situationen sozial kompetent seinen Standpunkt vertritt und Lösungen aushandelt. Beobachtungsverfahren, die die Themen der Kinder zum Gegenstand haben, die ein breites Entwicklungsspektrum abdecken oder uns veranlassen, bestimmte Situationen genau zu analysieren, können solchen Fehlwahrnehmungen entgegenwirken und dazu beitragen, dass wir Kinder in ihrem Reichtum an Handlungsmöglichkeiten und Potenzialen entdecken. Auch die Analyse von dokumentierten Videoszenen (vgl. Kapitel 6.2) eignet sich sehr gut, um einseitigen Wahrnehmungen entgegenzuwirken.

Tendenz, nur das wahrzunehmen, was man kennt

Wahrnehmung ist ein sehr komplexer Prozess. Einen „Trick", um diese Komplexität zu reduzieren, wendet unser Organismus automatisch an. Schon bei der Aufnahme der Sinnesreize wird ein Filter angelegt. Nur bestimmte Reize passieren die Schwelle zur bewussten Wahrnehmung, andere werden von vornherein ausgeklammert. Im Supermarkt achte ich in erster Linie auf das Warenangebot der Produkte, die ich heute einkaufen möchte und orientiere mich an der Länge der Warteschlange, wenn ich entscheide, ob ich zuerst an die Wurst- oder Käsetheke gehe. Weniger bewusst ist mir die zur Verfügung stehende Auswahl an Produkten, an denen ich kein Interesse habe, und auch das Aussehen der anderen Kunden ist von so nebensächlicher Bedeutung, dass ich mich nur in Ausnahmefällen später daran erinnern könnte. In den bewussten Bereich meiner Aufmerksamkeit gelangt also hauptsächlich das, was die Situation charakterisiert, worauf ich bewusst achte („welcher Jogurt ist im Sonderangebot?") und was ich als vorrangig empfinde („wie voll ist es an der Wursttheke?").

Für die Beobachtung von Kindern macht Gerd Schäfer (o. Jg.), Professor für Frühpädagogik in Köln, auf ein vergleichbares Phänomen aufmerksam. Er unterscheidet die gerichtete und die ungerichtete Beobachtung. Bei der gerichteten Beobachtung ziele ich auf Verhaltensweisen und -bereiche, die bereits bekannt sind, und schätze die Häufigkeit oder Ausprägung dieser Verhaltensweisen ein. Die Beobachtung richtet sich damit auf etwas, was man von Kindern weiß, zumindest glaubt zu wissen. Schäfer versteht viele der existierenden Einschätzskalen oder Fragebögen (z. B. SISMIK; Grenzsteine der Entwicklung) als Hilfsmittel einer solchen gerichteten Beobachtung. Auch bei der freien Beobachtung unterliegen wir der Problematik, dass wir ohne entsprechende Wachsamkeit im Großen und Ganzen genau das – und nur das – wahrnehmen werden, was wir in dieser Situation erwarten und mit ihr verbinden. Doch ist es manchmal gerade das Unerwartete und Überraschende, was uns bewegt, über die Kinder, ihr Verhalten, ihre Lern- und Bildungswege nachzudenken, und das uns zu neuen und erweiterten Einsichten bringt! Schäfer plädiert deshalb dafür, sich auch oder hauptsächlich in Beobachtung mit *ungerichteter Aufmerksamkeit* zu üben. Hier will der Beobachter nichts Bestimmtes wissen; er ist bereit, sich mit den sinnlichen und emotionalen Möglichkeiten, die ihm zur Verfügung stehen, auf das einzulassen, was vom Kind aus gezeigt wird. Die Erzieherin Anja in unserem Eingangsbeispiel tut dies, als sie sich entscheidet, das Spiel der drei Jungen erst einmal aufmerksam zu notieren. Bei dieser Form der Beobachtung sieht sich die Erzieherin selbst als Lernende und Entdeckende, und das Kind in seiner Ganzheitlichkeit der Verhaltens- und Ausdrucksformen steht im Vordergrund.

Was heißt das nun für die Beobachtungspraxis in Kindertageseinrichtungen? Zunächst geht es wieder einmal darum, mit dem, was man beobachtet, und damit, wie man beobachtet, reflektiert umzugehen. Gelegentlich sollte gefragt werden: Welches Spektrum an Verhaltens- bzw. Entwicklungsbereichen erfassen wir mit den eingesetzten Verfahren bzw. Ansätzen? Welche Informationsquellen und welche Arten von Informationen lassen wir außen vor? Sehen wir in dieser Hinsicht Veränderungsbedarf? Weiter sollte sich jede Erzieherin, die Beobachtungen durchführt, ab und an überprüfen: Mit welcher Haltung beobachte ich die Kinder? Bin ich offen und neugierig, finde ich meist spannend, was die Kinder tun, und was sich dahinter verbergen könnte, oder ist das Beobachten eher eine Routine für mich, die ich schnell und organisiert „abhake"? Möchte ich hier etwas verändern?

Verzerrungen durch Überforderung der menschlichen Wahrnehmungskapazität

Unsere Wahrnehmungsfähigkeit ist begrenzt und störanfällig. So erhöht sich die Gefahr, dass wir uns nur unvollständig oder verzerrt an Beobachtetes erinnern können, wenn die Beobachtung nicht unmittelbar protokolliert, sondern nachträglich aufgezeichnet wird. Je länger die Verzögerung ist, desto mangelhafter können wir uns an Einzelheiten, die Reihenfolge von Ereignissen oder unsere gefühlsmäßigen Reaktionen erinnern und desto höher ist die Wahrscheinlichkeit, dass andere Wahrnehmungen, Interpretationen, Hinzugedachtes etc. unsere Beschreibung beeinflussen werden. Eine Grundregel des Beobachtens muss also lauten, das Geschehen parallel zur Beobachtung oder unmittelbar im Anschluss zu notieren. Eine zweite Beschränkung liegt in der Aufnahmekapazität unseres Sinnessystems. Wir können nur begrenzte Informationsmengen aufnehmen und verarbeiten. Dabei bleiben diejenigen Ereignisse bzw. Reize besonders gut in Erinnerung, die entweder zu Beginn oder ganz am Ende der Beobachtungszeit auftreten. Es ist also sinnvoll, ein wenig zu experimentieren, um herauszufinden, welche Beobachtungsdauer am geeignetsten erscheint. Länger als 15 oder 20 Minuten braucht eine freie Beobachtung nicht anzudauern; in vielen Fällen ist es nützlicher, eine fünfminütige Beobachtung konzentriert und aufmerksam durchzuführen und detailliert zu dokumentieren, als eine halbe Stunde zu beobachten und eher oberflächlich zu protokollieren. Natürlich ist die Dauer einer Beobachtung auch immer von der Beobachtungsfrage und dem Verlauf der aktuellen Situation abhängig. Wenn ich ein Kleinkind dabei beobachte, wie es versucht, ein Puzzle zu legen, interessieren mich sicherlich gerade dessen Konzentrationsfähigkeit, Ausdauer und Kreativität bei der Suche nach dem „richtigen Dreh". Dann wäre es ungeschickt, die Beobachtung nach fünf Minuten abzubrechen, wenn die Situation für das Kind noch nicht abgeschlossen ist.

Zu allgemeine oder zu technische Beschreibung des Beobachteten

Manche der weiter unten im Kapitel 4 beschriebenen Verfahren sind so angelegt, dass freie Beobachtungen verschriftlicht werden müssen. Diese Beobachtungsnotizen bilden die Grundlage für die Interpretation, so auch in unserem Eingangsbeispiel, die des Spiels zwischen Markus, Lukas und Simon. Andere Verfahren verlangen zwar „nur" eine Einschätzung des Beobachteten auf Stufen (z. B. die Leuvener Engagiertheitsskala) oder in Antwortkategorien (z. B. Kuno Bellers Entwicklungstabelle); oft ist es jedoch für das bessere Verständnis oder die spätere Rekapitulation sinnvoll, Situationen kurz in eigenen Worten wiederzugeben bzw. Beispiel-Beobachtungen anzuführen. Am Anfang kann es passieren, dass Ihre Aufzeichnungen entweder zu allgemein oder zu technisch geraten. Welche Konsequenzen die Qualität der Beschreibung für die Interpretation der Situation und die pädagogischen Schlussfolgerungen haben kann, soll das folgende Beispiel zeigen. Hier wurde ein und dieselbe fünfminütige Situation von zwei Erzieherinnen beobachtet und notiert:

Sabines Notizen: *„Milo sitzt am Computer, in sich ruhend, sehr guter Umgang mit der Maus. Der Lärm scheint ihn nicht zu stören. Andere Kinder lässt er nicht mitmachen."*

Gabrieles Notizen: *„Milo sitzt auf einem blauen Lehnstuhl vor dem Computer. Schaut auf den Bildschirm, hat rechte Hand an der Maus. Bewegt Maus kaum, drückt mit Zeigefinger auf Maustaste. Auf Bildschirm öffnet sich eine Kiste. Milo lächelt kurz, nimmt Hand von Maus, kratzt sich an der Nase. Hand wieder an der Maus. Bewegt Zunge ca. 1 cm aus dem Mund raus. Guckt kurz hoch, dann auf Maus, bewegt Maus ca. 3 cm nach links. Drückt Maustaste, auf Bildschirm kommt Figur ins Bild. Vero nähert sich Milo von links, Milo nimmt Zunge in Mund zurück, guckt sie kurz an, behält Hand an Maus. Vero guckt auf Bildschirm, dann Milo an, Milo guckt zurück. Vero greift mit rechter Hand nach Maus. Milo bewegt Maus schnell nach rechts, ca. 20 cm. Beugt Oberkörper Richtung Computer, bis Vero Hand zurückzieht. Guckt Vero böse an, dann wieder auf Bildschirm. Presst Mund dabei zusammen. Vero sagt „Lass mich mal", fordernd. Milo schüttelt Kopf. Vero bleibt* *stehen, sieht Milo zu. Milo drückt Maustaste, neue Kiste öffnet sich auf Bildschirm. Milo dreht Kopf nach links, sagt „Guck mal!". Vero lacht, ahmt Geräusch aus dem Computer nach."*

Es ist deutlich, dass man mit der zweiten Beschreibung wesentlich mehr anfangen kann als mit der ersten. Sie liefert uns ein viel genaueres Bild des Geschehenen und enthält Anknüpfungspunkte für Interpretationen, welche Themen Milo hier eventuell gerade bearbeitet. Anhand der ersten Beschreibung würden wir Milo ein starkes Interesse am Computerspielen und auch Kompetenz im Umgang mit der Maus unterstellen, aber kein Interesse an sozialem Austausch. In der zweiten Beschreibung wird deutlich, dass Milo seine Erfahrungen am Computer durchaus mit Vero teilen möchte, aber nicht bereit ist, die Kontrolle über die Maus aufzugeben. Er behauptet sich gegenüber Veros Zudringlichkeit, signalisiert ihr aber auch, dass sie als Interaktionspartner willkommen ist. Die zweite Beschreibung enthält neben diesen wichtigen Informationen aber auch wenig nützliche Details. Wie häufig Milo die Zunge aus dem Mund gucken lässt, ist nicht wichtig. Wichtiger ist, dass dies ein Anzeichen für seine konzentrierte Aufmerksamkeit ist. Ob der Stuhl, auf dem Milo sitzt, blau oder gelb ist, tut ebenfalls nichts zur Sache.

Das Gefühl und Geschick dafür, Situationen und Verhaltensweisen anschaulich, treffend und genau zu schildern, ist vor allem eine Frage der Übung. Als sehr sinnvoll hat es sich erwiesen, wenn man sich anfänglich zu zweit zusammentut, dieselbe Szene beobachtet, notiert und die Aufzeichnungen anschließend vergleicht. Dafür können auch Videoaufnahmen genutzt werden (vgl. Kapitel 6.2).

Zum Umgang mit Unsicherheiten oder Wissenslücken

Mehrere der in Kapitel 4 vorgestellten Beobachtungsverfahren verlangen vom Beobachter Urteile über Verhaltensweisen oder Kompetenzen von Kindern. Kuno Bellers Entwicklungstabelle fragt z. B. danach, ob das Kind einige Grundfarben kennt oder in der Lage ist, ein Puzzle aus acht bis zehn Teilen zusammenzulegen (Entwicklungsbereich Kognition). Wollen Sie die „Sieben Intelligenzen" nach Howard Gardner anwenden, so müssen Sie u. a. auskunftsfähig darüber sein, ob ein Kind Strategien entwickelt und benutzt, wenn es Wettbewerbsspiele mit anderen Kindern spielt, oder ob es „feinmotorisch geschickt" ist. Nicht immer kann man solche Fragen auf Anhieb beantworten. Die Gründe dafür können auf mehreren Ebenen liegen. Es kann sein, dass man bisher einfach noch nicht gezielt auf entsprechende Verhaltensweisen geachtet hat. Dann hat man zwar in der Regel eine ungefähre Vorstellung davon, ob die Frage für ein individuelles Kind mit „ja" oder „nein" zu beantworten ist, aber ganz sicher ist man sich nicht. Manchmal muss man sich auch überrascht eingestehen, bestimmte Verhaltensweisen übersehen, zumindest noch nie bewusst wahrgenommen zu haben. Besonders wenn man glaubt, „ungefähr" zu wissen, wo ein Kind steht, ist die Versuchung groß, aus Zeitgründen auf ein gezieltes Hinschauen zu verzichten. Mit einer solchen Herangehensweise verzichtet man auf pädagogische Möglichkeiten, die die systematische Beobachtung bietet; denn die Chance, etwas Neues über das Kind herauszufinden, etwas über seine Entwicklung, seine Kompetenzen und Interessen zu lernen und daran anknüpfend pädagogische Impulse zu setzen, bleibt letztlich ungenutzt. Ein ernsthafter Umgang mit Unsicherheiten in der Beurteilung ist deshalb eine wichtige Voraussetzung dafür, dass die Beobachtungsergebnisse auch gewinnbringend für die pädagogische Arbeit verwendet werden können.

Schwieriger gestaltet sich die Sache, wenn es nicht nur um eine rein zeitliche Investition geht. Die oben zitierten Beispielfragen aus Gardners Verfahren der „Sieben Intelligenzen" lassen sich nur dann treffend beantworten, wenn man entwicklungspsychologisches Grundlagenwissen einsetzt. Um zu entscheiden, ob ein Kind „feinmotorisch geschickt" ist, muss ich eine Vorstellung darüber haben, in welchem Alter welche Fertigkeiten ungefähr erwartet werden können und welche Beobachtungen ich als Hinweise auf eine besonders ausgeprägte oder eine eher mäßige Geschicklichkeit werten kann. Nicht bei allen Fachkräften, die mit Beobachtungsverfahren beginnen, kann ein solches Grundlagenwissen vorausgesetzt werden, und jedem kann es passieren, dass sich in Bezug auf einzelne Bereiche Wissenslücken auftun. Entscheidend ist wieder, wie ich mit solchen Situationen umgehe. Sehe ich die Anwendung des Beobachtungsverfahrens auch als Gelegenheit, meine eigenen Fachkenntnisse kritisch zu reflektieren, dann können Wissenslücken ein Anlass sein, durch die Lektüre von Fachartikeln, die Inanspruchnahme von Fachberatung oder den Besuch einer Fortbildung selbst mehr zu lernen. Noch effektiver ist es, wenn sich ein Team offen über Fragen und Schwierigkeiten austauscht, um sich gegenseitig zu unterstützen und den gemeinsamen Informations- und Beratungsbedarf zu ermitteln. Allerdings ist dafür eine „fehlerfreundliche Lernkultur" nötig. Der Einsatz von Beobachtungsinstrumenten kann wiederum zur Entwicklung einer solchen Lernkultur beitragen.

Zu kurze Auseinandersetzung mit dem einzusetzenden Instrumentarium

Eine weitere Beobachtungs-„Falle" besteht darin, dass die Notwendigkeit, sich mit einem einzusetzenden Verfahren vertraut zu machen und sicher in seiner Handhabung zu werden, vernachlässigt wird oder der Zeitaufwand dafür unterschätzt wird. Dies kann vor allem dann passieren, wenn man ohne Rückhalt bzw. Absprachen in der Kita für sich alleine entscheidet, systematisch zu beobachten. Häufig muss in einem solchen Fall die persönliche Vorbereitung in der Freizeit erfolgen, weil im Team kein Konsens darüber hergestellt ist, dass Beobachtung und Dokumentation Teile der professionellen Tätigkeit darstellen. Es kann aber auch sein, dass angesichts der aktuellen Entwicklungen in der Elementarpädagogik und der Forderungen in Qualitätshandbüchern und Bildungsplänen Beobachtungsverfahren unter hohem Zeitdruck eingeführt werden sollen. Auch dann besteht die Gefahr, dass nicht ausreichend Zeit vorgesehen wird, um sich zu informieren, geeignete Verfahren auszuwählen und vor allem, um sich die Handhabung anzueignen, die Anwendung erst einmal auszuprobieren und die ersten Erfahrungen offen zu diskutieren. In Kapitel 2.2 haben wir ein mehrschrittiges Vorgehen beschrieben, das einem möglicherweise kontraproduktiven Aktionismus entgegenwirken kann. Kommt es zu einem voreiligen und nicht genügend vorbereiteten Einsatz von Beobachtungsverfahren, kann dies im schlimmsten Fall mehr schaden als nützen.

Für die in diesem Buch beschriebenen Instrumente und Verfahren gilt, dass der Einsatz umso problemloser gelingt und der Nutzen sich eher zeigt, wenn eine ausreichend lange Phase der Aneignung und Erprobung vorgeschaltet ist. Dazu kann auch eine Fortbildung dienen, an der ein oder mehrere Teammitglieder teilnehmen, die dann als „Expertinnen" für die Weitergabe der Informationen an ihre Kolleginnen verantwortlich sind.

4 Verfahren zur systematischen Beobachtung und Dokumentation von Entwicklungs- und Bildungsprozessen

Es gibt eine Fülle von Verfahren, die dafür entwickelt wurden, Kinder systematisch zu beobachten, das heißt regelmäßig und gezielt darauf zu achten, was Kinder tun, womit sie sich beschäftigen und wie sie in ihrer Entwicklung voranschreiten. Hier soll nur auf jene Verfahren eingegangen werden, die sich für eine Anwendung in der pädagogischen Praxis eignen und die von einem modernen Kindbild ausgehen. Alle im Folgenden beschriebenen Verfahren sehen das Kind als einen aktiven Gestalter seiner eigenen Entwicklung und berücksichtigen, dass es sein Wissen und seine Kenntnisse über die Welt durch die eigenen Handlungen und Erfahrungen gewinnt.

Ausgehend vom Kind als Akteur seiner Entwicklung und Bildung, werden im Folgenden Beobachtungs- und Dokumentationsverfahren beschrieben, die einzelne Entwicklungs- oder Bildungsbereiche näher beleuchten. In der Beschreibung werden jeweils verschiedene Gesichtspunkte berücksichtigt:

- Welche Erkenntnisse sollen durch die Beobachtung gewonnen werden?
- Wo liegt der Beobachtungsfokus?
- Wie kann die Beobachtung dokumentiert werden?
- Wie wird die Beobachtung ausgewertet?
- Wofür können die Erkenntnisse aus der Beobachtung eingesetzt werden?

▪ Welche Voraussetzungen sind notwendig, um das Beobachtungsverfahren einzusetzen?

▪ Wo bekommt man weitere Informationen und Anregungen zum Beobachtungsverfahren?

Welche Erkenntnisse sollen aus der Beobachtung gewonnen werden?

Beobachtungen von Kindern können aus unterschiedlichem Erkenntnisinteresse beziehungsweise mit verschiedenen Forschungsfragen durchgeführt werden. Bevor Sie ein Beobachtungsverfahren auswählen, sollten Sie sich daher überlegen, was Sie gerne über die Kinder wissen möchten oder was Ihre spezielle Forschungsfrage ist.

Möchten Sie sich beispielsweise über den Entwicklungsstand der einzelnen Kinder informieren, bietet es sich an, ein Verfahren zu wählen, das sich mit der kindlichen Entwicklung beziehungsweise den kindlichen Kompetenzen in verschiedenen Entwicklungsbereichen auseinander setzt. Hierzu gehören „Kuno Bellers Entwicklungstabelle", die „Grenzsteine der Entwicklung" und die „Sieben Intelligenzen". Haben Sie den Wunsch, sich speziell mit der sprachlichen Entwicklung von Kindern nichtdeutscher Herkunftssprache auseinander zu setzen, dann bietet es sich an, das Verfahren „SISMIK" einzusetzen. Auch wenn bei all diesen Verfahren Fragen zur Entwicklung der Kinder vorgegeben sind und Sie ankreuzen können, ob ein Kind das in den Fragen beschriebene Verhalten zeigt oder nicht, sollten Sie den Beobachtungsaufwand nicht unterschätzen. Wahrscheinlich werden Sie einige oder auch mehrere Fragen nicht auf Anhieb beantworten können. Das macht den Umgang mit dem Verfahren zwar zeitaufwändiger, aber auch spannender. Sie müssen dann nämlich genau hinschauen und beobachten, ob ein Kind ein bestimmtes Verhalten zeigt oder nicht, ob es eine bestimmte

Kompetenz besitzt oder nicht. Manchmal werden Sie dabei feststellen, dass das Kind gar keine Chance hat, bestimmte Verhaltensweisen zu zeigen, weil in Ihrer Einrichtung die Möglichkeiten dazu nicht gegeben sind. Wenn bei Ihnen im Gruppenraum beispielsweise eine Musikanlage mit gutem Klang fehlt und mit den Kindern kaum getanzt und musiziert wird, werden Sie nur schwer beantworten können, ob ein Kind sich gern und leicht im Einklang mit einfachen und wechselnden Rhythmen zur Musik bewegt. Zur Beantwortung dieser Frage müssen Sie also vielleicht nicht nur beobachten, sondern auch Ihre materielle Ausstattung oder ihr pädagogisches Angebot verändern.

Ist es weniger die Entwicklung der Kinder, deren Beobachtung im Mittelpunkt stehen soll, sondern eher die inhaltlichen Themen, mit denen sich die Kinder ihrer Gruppe auseinander setzen, dann bieten sich andere Beobachtungsverfahren an. Wenn Sie wissen wollen, was die Kinder Ihrer Gruppe besonders interessiert, was sie besonders spannend finden und womit sie sich besonders gern beschäftigen, können Sie als Beobachtungsverfahren „Beobachtung und fachlicher Diskurs zu den Themen der Kinder" wählen. Ist es Ihnen besonders wichtig, etwas über die Beziehungen der Kinder untereinander zu erfahren, können Sie als Beobachtungsschwerpunkt die „Beobachtung der Gruppenstrukturen" wählen. Vielleicht möchten Sie durch die Beobachtung aber auch Ihre eigene pädagogische Arbeit kritisch reflektieren. Dazu bietet sich als Verfahren die „Leuvener Engagiertheitsskala" an. Wenn Sie mit diesem Instrument beobachten, erfahren Sie zwar auch etwas über die Interessen der Kinder, in erster Linie aber etwas über die Qualität der Erfahrungsmöglichkeiten, die den Kindern in Ihrer Einrichtung bereitgestellt werden.

Wo liegt der Beobachtungsfokus?

Beobachtungsverfahren können auch nach dem Beobachtungs-fokus ausgewählt werden. Im Prinzip können Sie mit allen vor-gestellten Instrumenten etwas über einzelne Kinder in Ihrer Gruppe erfahren. Ist dies Ihr Interesse, sollten Sie allerdings be-rücksichtigen, dass alle Kinder Ihrer Gruppe das Recht haben, von Ihnen beobachtet und damit beachtet zu werden. Wenn Sie sich also mit Ihrer Beobachtung über die kindliche Entwicklung informieren wollen, sollten Sie das Beobachtungsverfahren auf alle Kinder anwenden. Für zeitaufwändige Verfahren wie Kuno Bellers Entwicklungstabelle gibt es Kurzversionen, die eine An-wendung für alle Kinder einer Gruppe ermöglichen.

Die gesamte Kindergruppe können Sie in den Blick nehmen, wenn Sie sich speziell auf die Beobachtung von Gruppenstruk-turen konzentrieren. Kleinere Spielgruppen stehen häufig im Fokus der Beobachtung, wenn Sie sich mit den Themen der Kinder oder ihrer Engagiertheit beschäftigen möchten.

Als Beobachtungsfokus können sie jedoch auch die Rahmen-bedingungen in Ihrer Einrichtung oder die Qualität der pädago-gischen Angebote wählen. Vielleicht möchten Sie wissen, wie in-tensiv die Kinder die neu eingerichtete Bauecke nutzen oder womit sich die Kinder beschäftigen, wenn sie im Garten der Einrichtung spielen. In diesen Fällen beobachten Sie nicht be-stimmte Kinder, sondern jene Kinder, die sich an bestimmten Orten in Ihrer Einrichtung aufhalten.

Wie kann die Beobachtung dokumentiert werden?

Für die Dokumentation Ihrer Beobachtungen stehen Ihnen bei allen vorgestellten Verfahren Beobachtungs- oder Einschätzbö-gen zur Verfügung, die in der Regel von den jeweiligen Autoren der Verfahren entwickelt wurden. Bei den Beobachtungsverfahren zur Entwicklung der Kinder müssen Sie diese Einschätzbögen auch benutzen, um vergleichbare und gesicherte Ergebnisse zu erhalten. Wenn es bei der Beobachtung um die inhaltlichen Themen, Interessen und Vorlieben der Kinder geht, sind die bereits vorhandenen Beobachtungsbögen hilfreich. Hier können Sie sich jedoch auch Ihren eigenen Beobachtungsbogen entwickeln, laufende Notizen oder Tagebuchaufzeichnungen zur Dokumentation Ihrer Beobachtung einsetzen oder die Beobachtung mithilfe von Videos, Fotos oder Tonaufnahmen dokumentieren.

Wie wird die Beobachtung ausgewertet?

Mit der Beobachtung und Dokumentation haben Sie zwar häufig schon einiges an Erkenntnis gewonnen, damit ist es jedoch noch nicht getan. Beobachtungen müssen ausgewertet werden, um für den pädagogischen Alltag nutzbar gemacht werden zu können. Die Beobachtungsverfahren, die sich mit dem Entwicklungsstand der Kinder beschäftigen, sind so strukturiert, dass Sie sie in der Regel allein auswerten können. Manchmal ist es jedoch hilfreich, Kolleginnen oder Eltern zu fragen, ob ein Kind ein bestimmtes Verhalten, das sie selbst nicht beobachten konnten, vielleicht in anderen Situationen in der Einrichtung oder zu Hause zeigt.

Bei der Auswertung von Beobachtungen, die sich inhaltlich mit den Themen und Interessen der Kinder beschäftigen, sind Sie auf die Zusammenarbeit mit ihren Kolleginnen angewiesen. Hier werden Sie wahrscheinlich häufiger die Erfahrung machen, dass Sie Handlungen, die Sie beobachtet haben, nicht wirklich verstehen oder einordnen können. Gerade das Gespräch im Team wird Ihnen dabei helfen, Erkenntnisse über die Kinder zu gewinnen, auf die Sie allein nicht gekommen wären.

Wofür werden die aus der Beobachtung gewonnenen Erkenntnisse eingesetzt?

Grundsätzlich sollen die Erkenntnisse, die Sie aus Ihren Beobachtungen gewinnen, der Bildungs- und Entwicklungsförderung der Kinder dienen. Um dies zu erreichen, werden Sie in aller Regel die räumlichen, materiellen oder zeitlichen Rahmenbedingungen in Ihrer Einrichtung verändern und Ihre pädagogischen Angebote überdenken müssen. Stellen Sie zum Beispiel bei einem Großteil der Kinder fest, dass deren motorische Kompetenzen nicht besonders ausgeprägt sind, dass sich also die Kinder in Ihrer Einrichtung zu wenig bewegen, dann sollten Sie zunächst einmal prüfen, welche Bewegungsmöglichkeiten den Kindern überhaupt zur Verfügung stehen. Gibt es beispielsweise schiefe Ebenen und Treppen in Ihrer Einrichtung? Haben die Kinder die Möglichkeit, ihren Gleichgewichtssinn durch das Balancieren auf Mauern, Baumstämmen oder Balken zu schulen? Dürfen die Kinder im Gruppenraum auch mal auf Tische und Stühle steigen, um davon herunterzuspringen und damit ihre Geschicklichkeit zu trainieren? Ebenso verhält es sich, wenn Sie den Eindruck haben, die Kinder könnten sich auf nichts konzentrieren beziehungsweise würden sich für nichts wirklich interessieren. Auch hier sollten Sie überprüfen, wie spannend, anregend und interessant die Erfahrungsmöglichkeiten sind, die Sie den Kinder bereitstellen. Vielleicht ist es für fünfjährige Jungen nicht besonders spannend, eine Blume mit einer Schere auszuschneiden, um die Feinmotorik zu schulen, und deshalb tun sie es nur halbherzig und unkonzentriert. Interessant dagegen mag es sein, mit dem Hammer einen Nagel einzuschlagen oder ein Brett zu zersägen. Auch dies unterstützt die Entwicklung der Feinmotorik. Ähnliches gilt für den Bereich der sozialen Entwicklung beziehungsweise des Sozialverhaltens in der Gruppe. Kinder können sich nur insoweit sozial verhalten, wie ihnen selbst Freiheit und Verantwortung zugestanden wird. Auch hier können Sie überlegen:

- in welchem Umfang für die Kinder ein freier Zugang zu Räumen und Material besteht und wie frei die Kinder in der Auswahl ihrer Tätigkeiten sind,
- wie die Kinder an Entscheidungen in der Gruppe beteiligt werden und wie viel Verantwortung den Kindern dabei zugestanden wird,
- wie flexibel Regeln in der Gruppe gehandhabt werden, ob sie sich verändern und wie individuell zugeschnitten die Regeln sind.

Grundsätzlich gilt also bei den aus der Beobachtung gewonnenen Erkenntnissen, dass sie nicht dazu dienen, die Kinder zu verändern, sondern vielmehr dazu, die räumlichen, materiellen und zeitlichen Rahmenbedingungen und die Qualität der pädagogischen Angebote so zu gestalten, dass sie den Kindern ihren Fähigkeiten entsprechende Erfahrungsmöglichkeiten und Herausforderungen anbieten.

Darüber hinaus sollten die aus den Beobachtungen gewonnenen Erkenntnisse auch für die Zusammenarbeit und das Gespräch mit den Eltern der Kinder genutzt werden. Häufig beklagen sich Eltern darüber, dass in der Einrichtung zu wenig gebastelt und gemalt wird und dass es zu wenig Produkte der Kinder gibt, die sie mit nach Hause nehmen können. Vielleicht kennen Sie dieses Problem auch. Versuchen Sie sich in einer solchen Situation einmal in die Lage der Eltern zu versetzen und gehen Sie davon aus, dass die Eltern im Prinzip nur das Beste für ihr Kind wollen. Wie geht es also den Eltern? Sie geben ihr Kind morgens in der Kindertagesstätte ab und sehen es erst am Nachmittag wieder. Sie wissen nicht, was ihr Kind während der Trennung getan hat, was es gelernt hat, wie es ihm ergangen ist. Auf die Frage: „Na, was habt ihr heute im Kindergarten Schönes gemacht?", bekommen sie insbesondere von jüngeren Kindern häufig zur Antwort: „Gespielt." Nun wissen die Eltern im Prinzip auch nicht mehr. Durch Bastel- oder Malarbeiten bekommen sie jedoch den Eindruck, zu verstehen, was ihr Kind den Tag über getan hat und glauben dadurch, eine Chance zu haben, mit ihm darüber zu sprechen. Ob sich das Kind bei der Herstellung des Produkts gelangweilt hat und eher widerwillig etwas angefertigt hat, können die Eltern nicht wissen und es erscheint ihnen zunächst auch zweitrangig.

Alternativ zu den Produkten, die die Kinder anfertigen, damit die Eltern etwas mit nach Hause nehmen können, sollten Sie den Versuch unternehmen, den Eltern quasi als ‚Produkt' Ihre Beobachtungen und die Dokumentation Ihrer Beobachtungen mit nach Hause zu geben. Wenn Sie den Eltern beispielsweise erzählen, dass ihr zweijähriger Sohn sich fast eine ganze Stunde damit beschäftigt hat, grüne, rote, gelbe und blaue Dinge in verschiedene Kästen zu sortieren und dabei, sozusagen nebenbei, die Farben gelernt hat, haben die Eltern vielleicht nicht mehr den Wunsch, dass ihr Kind die Farben auf ein dafür vorgesehenes Arbeitsblatt malt. Zusätzlich können Sie die Eltern in die pädagogische Arbeit einbeziehen, indem Sie sich daran interessiert zeigen, was das Kind zu Hause tut und mit dem vergleichen, womit es sich in der Einrichtung beschäftigt.

Welche Voraussetzungen sind notwendig, um das Verfahren einzusetzen?

Wenn Sie sich entscheiden, ein bestimmtes Beobachtungsverfahren in Ihrer Einrichtung einzusetzen, sollten Sie sich im Vorfeld das dazu nötige Material besorgen. Dazu gehören die entsprechenden Beobachtungs- und Einschätzbögen, aber auch Informationen über den Umgang mit dem Beobachtungsverfahren und den theoretischen Hintergrund des Verfahrens. Bevor Sie beobachten, müssen Sie wissen, wie oft und wie lange mit diesem Verfahren beobachtet werden sollte. Im Vorfeld der Beobachtung ist ein Austausch mit Ihren Kolleginnen wichtig, insbesondere geht es darum, abzusprechen, wer Sie unterstützen kann, wenn Sie in Ihrer Gruppe beobachten. Auch die Zeit, die benötigt wird, um sich in das Verfahren einzuarbeiten, um zu zuverlässigen Ergebnissen zu gelangen, muss bedacht und eingeplant werden. Und schließlich ist für die Auswertung der Beobachtung, die fachliche Reflexion und die darauf aufbauenden pädagogischen Angebote der kollegiale Austausch sinnvoll, wenn nicht unverzichtbar. Erstrebenswert ist es, dass ein Team es sich zur Aufgabe macht, gemeinsam über Beobachtungen zu reflektieren und dies als selbstverständlichen Bestandteil in die fachliche Arbeit zu integrieren.

4.1 Kuno Bellers Entwicklungstabelle

Die Entwicklungstabelle von Prof. Dr. E. K. Beller wurde in ihrer ersten Fassung bereits in den 1980er-Jahren veröffentlicht. Sie ist für die Beobachtung und Entwicklungseinschätzung von Kindern im Alter von null bis sechs Jahren ausgelegt. Dazu müssen eine Reihe von Fragen zum Verhalten des Kindes beantwortet werden, die als Indikatoren für den Entwicklungsstand in verschiedenen Entwicklungsbereichen gelten. Aus den Antworten wird ein Entwicklungsquotient berechnet. Für die Notierung und Berechnung stehen Formblätter zur Verfügung. Die Anwendung der Entwicklungstabelle ist relativ zeitaufwändig. Jedes Kind, das eingeschätzt werden soll, sollte im Vorfeld ca. zwei Wochen lang aufmerksam im Kindergartenalltag beobachtet werden; treten im Verlauf der Einschätzung Fragen auf, die man nicht beantworten kann, muss wiederum gezielt nach den erfragten Verhaltensweisen geschaut werden. Das Bearbeiten der Tabelle selbst beansprucht ca. zwei bis drei Stunden. Im Gegenzug erhält man mit der Entwicklungstabelle ein sehr genaues und aussagekräftiges Bild über die Kompetenzen eines Kindes, aber auch über die Anregungen, Freiräume und Aktivitätsmöglichkeiten, die das pädagogische Umfeld bietet. Die Beobachtungsergebnisse eignen sich sehr gut als Ausgangspunkt für individuelle pädagogische Angebote zur Entwicklungsförderung, die in den Kindergartenalltag integriert werden können.

Welche Erkenntnisse sollen aus der Beobachtung gewonnen werden?

Die Entwicklungstabelle dient dazu, den Entwicklungsstand eines Kindes in acht verschiedenen Entwicklungsbereichen einzuschätzen. Die Entwicklungsbereiche sind Körperpflege, Umgebungsbewusstsein, sozial-emotionale Entwicklung, Spieltätigkeit, Sprache, Kognition, Grob- und Feinmotorik. Aus dem Entwicklungsstand in den einzelnen Bereichen ergibt sich für jedes Kind ein Entwicklungsprofil, das seine individuellen Stärken und Schwächen im Sinne einer mehr oder weniger fortgeschrittenen Entwicklung ausweist. Dabei ist es normal, wenn sich ein Kind in den verschiedenen Bereichen unterschiedlich schnell entwickelt, also z. B. in seiner feinmotorischen Kompetenz weiter ist als im Bereich des Umgebungsbewusstseins. Die Ergebnisse sollen der Erzieherin helfen, das beobachtete Kind besser zu verstehen und ihm gezielte, auf sein individuelles Entwicklungsprofil zugeschnittene pädagogische Anregungen geben zu können. Deshalb werden die Ergebnisse auch nicht mit durchschnittlichen Altersnormen verglichen. Es geht vielmehr um eine aufmerksame, interessierte Wahrnehmung des einzelnen Kindes, das sich dadurch beachtet und wertgeschätzt fühlt. Nach Kuno und Simone Beller, den Herausgebern der aktuellen Auflage der Entwicklungstabelle, entwickelt sich daraus ein gegenseitiges Interesse zwischen Erzieherin und Kind – eine optimale Voraussetzung für Bildungsprozesse und die Entwicklung von Lernfreude (vgl. Beller & Beller 2003, S.55).

Wo liegt der Beobachtungsfokus?

Mit der Entwicklungstabelle werden immer einzelne Kinder eingeschätzt. Die Entwicklungstabelle kann zu jedem Zeitpunkt in der kindlichen Entwicklung (0–72 Monate) eingesetzt werden. Wegen der relativ aufwändigen Art und Weise der Anwendung ist die Entwicklungstabelle besonders geeignet, um ausgewählte Kinder zu beobachten, bei denen man sich unsicher bezüglich ihres Entwicklungsverlaufs ist oder zu deren Verhalten man keinen Zugang findet. Es ist also nicht notwendig, alle Kinder einer Gruppe zu beobachten. Im Vordergrund steht immer das individuelle Muster von Entwicklungsstärken und -schwächen des einzelnen Kindes und nicht der Vergleich mit anderen Kindern oder Entwicklungsnormen.

Es ist wichtig, dass alle acht Entwicklungsbereiche beurteilt werden, damit die Ergebnisse sinnvoll pädagogisch umgesetzt werden können. Basis der Auswertung der Entwicklung des Kindes sind die Beobachtungen der Erzieherin im Kindergartenalltag. Diese sollte in den zwei Wochen vor der Bearbeitung der Entwicklungstabelle häufiger und genauer auf das Verhalten des Kindes achten, damit möglichst viele Fragen beantwortet werden können. Wichtig ist dabei die Formulierung: es wird nicht gefragt, ob das Kind etwas kann, sondern ob es etwas *tut*. Hintergrund dessen ist die Überlegung, dass gezeigtes Verhalten immer von mehreren Faktoren abhängt, nämlich von der persönlichen Motivation, den Gelegenheiten zu lernen und Erfahrungen zu sammeln und den individuellen Fähigkeiten. Kinder können also durchaus zu etwas fähig sein und es trotzdem in dieser bestimmten Umwelt oder Situation nicht zeigen. Wenn eine Frage mit „Kind tut es nicht" beantwortet wird, sollte sich also auch immer die Überlegung anschließen, ob das Kind wirklich Gelegenheit hat, die Verhaltensweise überhaupt zu zeigen. Fragen, die die Erzieherin nicht beantworten kann, sind Anlass für erneute Beobachtungen, die in eine zweite Erhebung einfließen, die ca. zwei Wochen nach der Ersterhebung stattfinden soll. Arbeitet die Einrichtung teiloffen oder offen, ist es möglich, dass man selber über einige Verhaltensweisen des Kindes, z. B. beim Musizieren, nicht so genau Bescheid weiß. Hier können sich die Beobachtungen mehrerer Kolleginnen ergänzen.

Kuno Bellers Entwicklungstabelle: Feinmotorik
Phase 4
1. Hält die Tasse für einen Augenblick selbst
2. Isst selbst mit dem Löffel.
Bsp.: Führt den Löffel zum Mund, obwohl es noch das meiste auf dem Weg dorthin verliert.
3. Kritzelt mit einem Farbstift.
4. Zieht sich eine Mütze vom Kopf.
5. Nimmt Gegenstände aus Behältern und legt sie zurück.
Bsp.: Bauklötze in und aus Schachteln, Perlen in und aus Glasgefäßen.
6. Öffnet und schließt:
Bsp.: Schranktüren, Türen an Spielzeuggegenständen, Deckel von Töpfen und Schachteln, Drehverschlüsse von Flaschen.

Phase 5
1. Isst unabhängig mit dem Löffel.
Bsp.: Führt den Löffel zum Mund, ohne alles zu verlieren, isst manchmal selbst, wenn der Löffel in seine Hand gesteckt wird.
2. Trinkt allein aus der Tasse.
Bsp.: Umfast die Tasse oder ein Glas mit beiden Händen oder greift die Tasse am Henkel; trinkt, ohne viel zu verschütten.
3. Zieht einige Kleidungsstücke aus.
Bsp.: Öffnet einen Reißverschluss, zieht die Schnürsenkel auf, zieht die Bänder der Mütze auf.
4. Schichtet aufeinander, baut, sammelt zusammen und nimmt auseinander.
Bsp.: Steckt Scheiben der Größe nach aufeinander, schichtet 2–3 Würfel zu einem Turm aufeinander, wirft gern Türme um, die andere gebaut haben.

5. Geht mit einem Hammer oder einem Baustein als Werkzeug um.
Bsp.: Schlägt Holzstecker ins Steckbrett, schlägt auf anderen Gegenständen herum.
6. Kritzelt mit einem Farbstift in der Mitte des Blattes.
Auszug aus: Beller, E. Kuno & Beller, Simone: Kuno Bellers Entwicklungstabelle.
4. Aufl. 2004, Eigenverlag.

Wie kann die Beobachtung dokumentiert werden?

Für die Dokumentation der Beobachtungen wird das Erhebungsprotokoll verwendet, in das genau eingetragen wird, welche der erfragten Verhaltensweisen das Kind zeigt, teilweise zeigt oder (noch) nicht zeigt. Mithilfe eines mitgelieferten Formblattes lässt sich aus den Ergebnissen ein Entwicklungsprofil erstellen, das grafisch veranschaulicht, in welchen Bereichen das Kind seine individuellen Stärken und Schwachpunkte hat.

Wie wird die Beobachtung ausgewertet?

In jedem der acht Entwicklungsbereiche gibt es eine Reihe von konkreten Fragen („Items"), die kindliche Verhaltensweisen bzw. Fähigkeiten beschreiben, wie sie im Kindergartenalltag auftreten und beobachtet werden können. Die Items sind nach aufsteigendem Schwierigkeitsgrad in insgesamt 14 Phasen unterteilt. Die ersten vier Phasen umfassen grob das erste Lebensjahr; danach deckt jede weitere Phase ca. ein halbes Jahr ab. Die Erzieherin schätzt für jedes Item ein, ob das betreffende Kind diese Verhaltensweise zeigt, ob es sie teilweise zeigt oder (noch) nicht. Es ist günstig, wenn dies in einer Interaktionssituation geschieht, die Erzieherin also von einer Kollegin oder der Leiterin befragt wird, denn so muss jede Frage bewusst beantwortet werden und ggf. anhand von Beispielen konkretisiert werden.

Man beginnt mit der Einschätzung eine Phase unter dem chronologischen Alter des Kindes und endet, sobald alle Items einer Phase mit „Kind tut es nicht" beantwortet wurden. Jedes Item, das mit „Kind tut es" beantwortet wurde, erhält in der Auswertung einen Punkt, jedes Item, das mit „Kind tut es teilweise" beantwortet wurde, einen halben Punkt. Aus der Summe der Punkte aller Phasen wird der Gesamtwert für jeden Entwicklungsbereich berechnet. Die Bereiche, in denen ein Kind die höchsten Werte erzielt, gelten als seine individuellen Stärken, die Bereiche, in denen es die niedrigsten Werte erreicht, als seine relativen Schwächen.

Möchte man einen orientierenden Überblick über die Entwicklung aller Kinder der Gruppe erhalten, ohne für jedes ein solches Entwicklungsprofil anzufertigen, sind die *Plakate* geeignet, die begleitend zur Entwicklungstabelle erhältlich sind und einzelne Fragen aus allen Entwicklungsbereichen beinhalten. Es gibt zwei Plakatsätze, wovon sich der erste Satz auf den Altersbereich von 0 bis ca. 3,5 Jahren und der zweite auf den Altersbereich ab ca. 2 Jahren bis zu ca. 6 Jahren erstreckt.

Wofür werden die aus der Beobachtung gewonnenen Erkenntnisse eingesetzt?

Aus der Beobachtung eines Kindes erwächst bereits eine genauere Kenntnis seiner aktuellen Interessen und Entwicklungsthemen. Die regelmäßige Anwendung der Entwicklungstabelle führt deshalb dazu, dass man „seine" Kinder besser kennen und verstehen lernt. Das Entwicklungsprofil dient weiterhin als Grundlage für die Planung und Durchführung von pädagogischen Angeboten, so genannten Erfahrungsangeboten. Dabei ist ein wichtiges Motivationsprinzip, den am wenigsten entwickelten Bereich mit dem am weitesten entwickelten Bereich zu verknüpfen. Durch die Kombination der beiden Bereiche kann das Kind Motivation und Zuversicht aus dem Bereich schöpfen, in dem es Kompetenz, Erfolg und Lust erfahren hat und auf den Bereich übertragen, in dem es bislang relativ wenig Erfolgserlebnisse hatte (vgl. Beller & Beller 2003, S. 59). Konkrete Anregungen und Anknüpfungspunkte bieten die Items der Tabelle, da sie Verhaltensweisen und Situationen im Setting der Kindergarten- oder Krippengruppe beschreiben. Erfahrungsangebote sollten anfangs immer Verhaltensweisen einbeziehen, die das Kind kompetent beherrscht, um ihm ein Gefühl der Sicherheit zu geben und das Vertrauen in die Erzieherin zu stärken. Neben dieser spezifischen Einsatzmöglichkeit sind die Ergebnisse der Entwicklungstabelle aber auch eine gute Basis, um im Team über einzelne Kinder oder generell über die Gestaltung pädagogischer Situationen zu sprechen.

Welche Voraussetzungen sind notwendig, um das Verfahren einzusetzen?

Sie brauchen zunächst einmal die Entwicklungstabelle selbst sowie die beiliegenden Kopiervorlagen für Erhebungsprotokolle und Entwicklungsprofile. Jede Erzieherin, die in der Einrichtung mit der Entwicklungstabelle arbeitet, sollte ein eigenes Exemplar zur Verfügung haben. Je regelmäßiger Sie die Entwicklungstabelle einsetzen möchten, desto wichtiger ist es, für eine gemeinsame Planung und klare Absprachen im Team zu sorgen. Die notwendigen Informationen über das Verhalten des Kindes können dann im Alltag – nicht nebenbei, aber doch ohne eine besondere Beobachtungssituation herzustellen – gewonnen werden. Für die Bearbeitung der Tabelle und die Entwicklung von Erfahrungsangeboten müssen dagegen Zeitkontingente außerhalb des Gruppendienstes eingeplant werden. Soll die Entwicklungstabelle als regelmäßiges Beobachtungsverfahren in der gesamten Einrichtung eingesetzt werden, empfiehlt sich auf jeden Fall der Besuch einer entsprechenden Fortbildung.

Wo bekommt man weitere Informationen und Anregungen zum Beobachtungsverfahren?

Die Entwicklungstabelle mit Kopiervorlage für Erhebungsprotokolle und Entwicklungsprofile sowie die großformatigen Entwicklungstabellen-Plakate sind über die Herausgeber zu beziehen. Sie bieten auch Fortbildungen zur Entwicklungstabelle und ihren entwicklungspsychologischen Grundlagen an.

Beller & Beller
Forschung und Fortbildung in der Kleinkindpädagogik
Derfflinger Str. 20, 10785 Berlin
Fax: 030 / 264 1662
E-Mail: etab@beller-und-beller.de
Information und Bestellung: www.entwicklungstabelle.de

4.2 Grenzsteine der Entwicklung

Bei den „Grenzsteinen der Entwicklung" handelt es sich um mehrere Einschätzbögen, mit deren Hilfe Risiken in den Entwicklungsverläufen von Kindern frühzeitig erkannt werden können. Um diese Einschätzung vorzunehmen, bedarf es häufig des genauen Hinschauens. Ob ein Kind beispielsweise mit 36 Monaten dazu in der Lage ist, von einer unteren Treppenstufe beidbeinig abzuspringen und dabei im Gleichgewicht zu bleiben, mag der Erzieherin nicht für jedes Kind präsent sein. Hier muss also zunächst beobachtet werden, bevor die Einschätzung vorgenommen werden kann. Das Ausfüllen und die Auswertung des Einschätzbogens selbst dauert dann vielleicht 10 Minuten, da für jedes Alter des Kindes nur 5 bis 12 Fragen mit „ja" oder „nein" zu beantworten sind.

Zusammengestellt wurden die „Grenzsteine" von Hans-Joachim Laewen in Anlehnung an das an der Tübinger Universitätsklinik entwickelte Instrument „Meilensteine der Entwicklung" (Michaelis & Haas 1994). Die „Grenzsteine der Entwicklung" gelten für Kinder im Alter von 15 Monaten bis 6 Jahren.

Welche Erkenntnisse sollen aus der Beobachtung gewonnen werden?

„Grenzsteine der Entwicklung" sind Entwicklungsziele in den Bereichen Körpermotorik, Hand- und Fingermotorik, Sprachentwicklung, kognitive Entwicklung, soziale Kompetenz und emotionale Kompetenz, die von etwa 90 bis 95 Prozent der Kinder bis zu einem bestimmten Alter erreicht worden sind. Im Bereich der Körpermotorik kann man beispielsweise erwarten, dass Kinder zwischen ihrem ersten und zweiten Geburtstag laufen lernen. Bis zu ihrem zweiten Geburtstag sollten sie in ihrer Sprachentwicklung so weit vorangeschritten sein, dass sie einen aktiven Wortschatz von mindestens 50 Wörtern haben. Vierjährige Kinder sollten die entsprechenden sozialen Kompetenzen besitzen, um sich erfolgreich an Regelspielen mit anderen beteiligen zu können. Wenn Kinder die für ein bestimmtes Alter zu erwartenden Entwicklungsziele nicht erreichen, d. h. wenn eine oder mehrere Fragen auf dem Einschätzbogen für das Kind mit „Nein" beantwortet werden müssen, könnte es sich um eine Entwicklungsverzögerung handeln. In einem solchen Fall sollte von entsprechend ausgebildeten und erfahrenen Fachkräften (z. B. Kinderärzten oder Psychologen) abgeklärt werden, welches die Gründe für das Nicht-Erreichen der Entwicklungsziele in einem oder mehreren Bereichen sind.

Grenzsteine der Entwicklung: Körper- und Hand-Fingermotorik

Alter des Kindes	Grenzsteine der Körpermotorik	Ja / Nein	Grenzsteine der Hand-Fingermotorik	Ja / Nein
Wenn das Kind **24 Monate** alt ist	– Aufheben vom Boden ohne Verlust des Gleichgewichts – Treppen werden bewältigt (Nachstellschritt, Festhalten an Geländer oder an der Hand Erwachsener)		– Sicherer Pinzettengriff – Malstift wird mit Faustgriff oder „Pinselgriff" (mit den ersten drei Fingern gehalten, Stift liegt dabei in der Handinnenfläche)	
Wenn das Kind **36 Monate** alt ist	– Beidbeiniges Abhüpfen von einer untersten Treppenstufe mit sicherer Gleichgewichtskontrolle – Rennen mit deutlichem Armschwung und Umsteuern von Hindernissen und plötzliches, promptes Anhalten möglich		– Buch- oder Journalseiten werden einzeln korrekt umgeblättert – Benutzung eines präzisen Dreifinger-Spitzgriffes (Daumen, Zeige-, Mittelfinger) zur Manipulation kleiner Gegenstände möglich	

Auszug aus: „Grenzsteine der Entwicklung", Aktualisierte Version 1–2003
http://www.brandenburg.de/media/1234/val_grenz.pdf
„Grenzsteine der Entwicklung" geht zurück auf: Michaelis, Richard / Haas, Gerhard (1994): Meilensteine der frühkindlichen Entwicklung – Entscheidungshilfen für die Praxis. In: Hans G. Schlack u. a. (Hrsg.): Praktische Entwicklungsneurologie, München: Marseille.

Wo liegt der Beobachtungsfokus?

Mit dem Verfahren „Grenzsteine der Entwicklung" werden immer einzelne Kinder beobachtet. Grundsätzlich sollte die Entwicklung jedes Kindes einer Gruppe mithilfe dieses Verfahrens regelmäßig bewertet werden. Der Zeitpunkt der Beobachtung richtet sich jeweils nach dem Alter des Kindes. Im ersten Lebensjahr des Kindes wird das Verfahren viermal angewendet, und zwar wenn das Kind drei, sechs, neun und 12 Monate alt ist. Im zweiten Lebensjahr des Kindes werden die „Grenzsteine" im Alter von 15, 18 und 24 Monaten erhoben. Danach wird das Verfahren einmal jährlich eingesetzt. Begonnen werden kann mit der Erhebung der „Grenzsteine der Entwicklung" zu jedem Zeitpunkt. Wenn ein Kind beispielsweise erst im Verlauf des dritten Lebensjahres in den Kindergarten kommt, wird das Instrument das erste Mal angewendet, wenn das Kind 36 Monate alt ist.

Die Zeitpunkte für das Ausfüllen des Bogens sind jeweils auf das Ende des angegebenen Alterszeitraums bezogen, wobei ein Spielraum von maximal zwei Wochen eingehalten werden sollte. Der richtige Zeitpunkt für die Beurteilung eines Kindes, das drei Jahre alt ist, wäre also der Zeitraum von einer Woche vor seinem dritten Geburtstag bis eine Woche nach seinem dritten Geburtstag. Wenn dieser Zeitraum nicht eingehalten werden kann, weil das Kind beispielsweise im Urlaub ist oder der Kindergarten Schließzeit hat, ist es auch möglich, die Einschätzung früher vorzunehmen. Falls dabei Fragen mit „Nein" beantwortet werden, ist es jedoch nötig, möglichst bald nochmals zu beobachten, um abzuklären, ob das Kind einen Entwicklungsschritt genau im Zeitraum seiner Abwesenheit bewältigt hat.

Wie kann die Beobachtung dokumentiert werden?

Zur Dokumentation der Beobachtungen liegen für das Verfahren „Grenzsteine der Entwicklung" Einschätzbögen vor. Diese Bögen sind nach dem Alter der Kinder unterteilt und enthalten zwischen fünf und 18 Fragen, die mit „Ja" oder „Nein" beantwortet werden können. Zusätzlich wird eine Auswertungsliste zur Verfügung gestellt, in die der individuelle Entwicklungsverlauf eines Kindes und gegebenenfalls Entwicklungsrisiken eingetragen werden können.

Wie wird die Beobachtung ausgewertet?

Die Auswertung der Einschätzbögen ist vorgegeben, sodass sie von der Erzieherin allein vorgenommen werden kann. Wenn eine Frage aus dem Grenzstein-Instrument für das beobachtete Kind mit „Nein" bewertet wurde, ist dies ein Hinweis darauf, dass eine diagnostische Abklärung von entsprechend ausgebildeten Fachkräften erfolgen sollte.

Wofür werden die aus der Beobachtung gewonnenen Erkenntnisse eingesetzt?

Die Erkenntnis, dass ein Kind unter Umständen entwicklungsverzögert ist, sollte zunächst dazu eingesetzt werden, ein Gespräch mit den Eltern des Kindes zu führen. Dabei müssen den Eltern Auffälligkeiten des Kindes in taktvoller und einfühlsamer Weise mitgeteilt werden. Es geht letztendlich nicht darum, Eltern zu vermitteln, was ihr Kind alles nicht kann, sondern darum, sie dafür empfänglich zu machen, dass ihr Kind unter Umständen einem Entwicklungsrisiko ausgesetzt ist und dass es Sinn macht, diesen Hinweis von Fachkräften abklären zu lassen. Dabei ist es durchaus möglich, dass trotz der mit dem „Grenzstein-Instrument" erhobenen Auffälligkeiten die diagnostische Abklärung ohne Befund bleibt und keine Behandlungsbedürftigkeit gegeben ist.

Darüber hinaus kann die Erzieherin für das Kind in der Kindertageseinrichtung natürlich auch Gelegenheiten und Situationen bereitstellen, die das Kind herausfordern, seine Kompetenzen in den entsprechenden Entwicklungsbereichen weiterzuentwickeln. Ähnlich wie im Umgang mit der Entwicklungstabelle von Kuno Beller können Stärken oder Vorlieben des Kindes genutzt werden, um ihm dabei zu helfen, Schwächen abzubauen. Wenn beispielsweise ein vierjähriges Kind in der Entwicklung seiner sozialen Kompetenz verzögert ist, aber eine gute Körpermotorik aufweist, hilft es ihm vielleicht, über grobmotorische Spielangebote (Fußball, Seilspringen) einen Zugang zu anderen Kindern zu finden.

Welche Voraussetzungen sind notwendig, um das Verfahren einzusetzen?

Um die „Grenzsteine der Entwicklung" als Beobachtungsverfahren einzusetzen, brauchen Sie zunächst die Einschätzbögen. Darüber hinaus ist ein sehr genauer Zeitplan notwendig, wo in Abhängigkeit vom Alter der Kinder festgehalten wird, wann welches Kind der Gruppe mit dem Grenzstein-Instrument beobachtet werden muss. Die Einschätzung selbst können Sie dann allein vornehmen. Wenn Sie allerdings viel beobachten müssen, weil sie sich in Ihrer Einschätzung nicht sicher sind, ist es hilfreich, eine Kollegin um Unterstützung zu bitten. Eine solche Unterstützung hilft auch bei der Auswertung Ihrer Einschätzung und bei den Folgerungen, die Sie daraus für Ihre Arbeit ziehen.

Wo bekommt man weitere Informationen und Anregungen zum Beobachtungsverfahren?

Die Einschätzbögen sowie Hinweise zum theoretischen Hintergrund und zur praktischen Umsetzung der „Grenzsteine der Entwicklung als Grundlage eines Frühwarnsystems für Risikolagen in Kindertageseinrichtungen" finden Sie im Internet unter: http://www.mbjs.brandenburg.de/sixcms/detail.php?template=kita _geruest_n

4.3 Sieben Intelligenzen

Um Stärken und Fähigkeiten eines Kindes in unterschiedlichen Entwicklungsbereichen zu erkennen und zu analysieren, werden von Hans-Joachim Laewen und Beate Andres (2002) die „Sieben Intelligenzen" vorgestellt, die auf Arbeiten des amerikanischen Psychologen Howard Gardner (2001) zurückgehen. Es wird davon ausgegangen, dass Kinder sich in unterschiedlicher Weise einen Zugang zur Welt verschaffen, wobei jede Art und Weise, die Kindern hilft, etwas zu lernen, ihre Berechtigung hat. Manche Kinder versuchen insbesondere über die Sprache die Welt zu verstehen, indem sie über Erlebnisse berichten, gern bei Geschichten zuhören und argumentieren, um ihre Wünsche und Interessen durchzusetzen. Andere Kinder nutzen dagegen vielleicht ihren Körper, um die Dinge, die sie umgeben, zu verstehen. Sie bewegen sich gern nach Musik, stellen Geschichten durch Körperbewegungen dar und finden den Kontakt zu anderen Kindern über Bewegungsspiele. Die Einschätzung der Fähigkeiten und Vorlieben eines Kindes in den „Sieben Intelligenzen" gelingt leichter bei Kindern über drei Jahren, lässt sich jedoch auch auf jüngere Kinder anwenden.

Um sich einen Überblick über die Fähigkeiten und besonderen Vorlieben von Kindern zu verschaffen, werden beim Verfahren der „Sieben Intelligenzen" eine Anzahl von Fragen danach gestellt, was Kinder besonders gut können. Diese Fähigkeiten der Kinder werden den verschiedenen Intelligenzbereichen zugeordnet. Durch die Beantwortung der Fragen kann ein einfaches Profil der verschiedenen Intelligenzen von Kindern hergestellt werden, in dem nicht nur ihre sprachlichen und kognitiven Fähigkeiten Berücksichtigung finden. Insgesamt sind für die sieben Intelligenzbereiche 76 Fragen zu beantworten und danach in den Profilbogen einzutragen, was einen Zeitaufwand von vielleicht 30 Minuten bedeutet. Allerdings wird die Erzieherin im Vorfeld häufig zunächst beobachten müssen, denn im

Alltag gehen manchmal besondere Vorlieben oder Fähigkeiten der Kinder unter. Wüssten Sie auf Anhieb für jedes Kind ihrer Gruppe zu beantworten, ob es durch die Methode von Versuch und Irrtum etwas lernt (praktische Intelligenz) oder gern Materialien oder Ereignisse miteinander vergleicht und dabei Ähnlichkeiten und Unterschiede entdeckt (wissenschaftliche Intelligenz)? Eine Einschätzung der kindlichen Kompetenzen sollte zweimal im Jahr für jedes Kind der Gruppe durchgeführt werden.

Welche Erkenntnisse sollen aus der Beobachtung gewonnen werden?

Bei den von Hans-Joachim Laewen und Beate Andres beschriebenen „Sieben Intelligenzen" handelt es sich um die sprachliche Intelligenz, die logisch-mathematische Intelligenz, die Bewegungsintelligenz, die musikalische Intelligenz, die soziale Intelligenz, die praktische Intelligenz und die wissenschaftliche Intelligenz. Für jeden Intelligenzbereich werden eine Anzahl von Fragen gestellt, die von der Erzieherin als auf das Kind zutreffend angekreuzt werden können. In der Auswertung lässt sich ein Profil des Kindes erstellen, in dem Kompetenzen, bevorzugte Bildungsbereiche, Engagement und Interesse eines Kindes deutlich werden.

Wo liegt der Beobachtungsfokus?

Wie bei der Entwicklungstabelle und den Grenzsteinen der Entwicklung liegt auch bei den „Sieben Intelligenzen" der Beobachtungsfokus auf dem einzelnen Kind. Grundsätzlich sollte ein Entwicklungsprofil für jedes Kind der Gruppe zweimal im Jahr durchgeführt werden. Besonders geeignet erscheint das Instrument für Kinder, von denen die Erzieherin den Eindruck hat, sie würden sich für gar nichts interessieren oder die der Erzieherin eher negativ auffallen. Durch genaueres Hinschauen ist es möglich, auf Interessen, Vorlieben und Kompetenzen zu stoßen, die man bei oberflächlicher Betrachtung oder im Alltagsstress nicht unbedingt wahrnimmt.

„Bewegungsintelligenz"

1. Imitiert das Kind gern und leicht Bewegungen von anderen Personen?

2. Bewegt sich das Kind leicht und flüssig?

3. Bewegt das Kind gern und leicht verschiedene Körperteile einzeln für sich (z. B. Arme, Beine, Kopf, Rumpf)?

4. Bewegt sich das Kind gern und leicht im Einklang mit einfachen oder wechselnden Rhythmen, insbesondere bei Musik?

5. Erprobt das Kind selbst Rhythmen in seiner Bewegung (z. B. Tanzschritte, vorgetäuschtes Hinken, Springen, Drehungen etc.)?

6. Liebt das Kind Bewegungsspiele?

7. Bewegt sich das Kind leicht um Hindernisse herum und vermeidet mühelos Zusammenstöße mit anderen Kindern?

8. Reagiert das Kind bei einem Wechsel in der Art der Musik (z. B. von sanfter, schwebender Musik zu Rock-Musik) mit einer adäquaten Veränderung seiner Bewegungen?

9. Benutzt das Kind gern und leicht dramatische Körpergesten zur Darstellung von Stimmungen, Absichten oder zur Illustration von Geschichten?

10. Ist das Kind feinmotorisch geschickt?

11. Springt das Kind gern und geschickt von erhöhten Standorten herunter?

12. Balanciert das Kind gern auf Balken, Stegen oder kleinen Mauern?

Was fällt Ihnen im Bewegungsbereich noch positiv auf?

Auszug aus: Laewen, Hans-Joachim / Andres, Beate (2002): Forscher, Künstler, Konstrukteure. Werkstattbuch zum Bildungsauftrag von Kindertageseinrichtungen. 3. Aufl., Weinheim: Beltz, S. 170.

Wie kann die Beobachtung dokumentiert werden?

Zur Dokumentation der Beobachtung liegen für jeden einzelnen der sieben Intelligenzbereiche zwischen sieben und fünfzehn Fragen vor, die angekreuzt werden, wenn sie als zutreffend beantwortet werden können. Darüber hinaus gibt es einen Auswertungsbogen, auf dem alle Intelligenzbereiche verzeichnet sind und auf dem von der Erzieherin eine Einschätzung vorgenommen werden kann, wie hoch das Interesse des Kindes an jedem einzelnen Bereich ist. Durch diesen Überblick entsteht ein individuelles Profil der Intelligenzen eines Kindes.

Wie wird die Beobachtung ausgewertet?

Die Auswertung des Profils kann von der Erzieherin allein vorgenommen werden. Wenn einzelne Fragen aus den verschiedenen Intelligenzbereichen nicht beantwortet werden können, sollte dies ein Hinweis für die Erzieherin sein, genauer hinzuschauen bzw. sich zu fragen, ob die Kinder in der Kindertageseinrichtung die Möglichkeit haben, bestimmte Vorlieben und Interessen auch auszuleben. Wenn zum Beispiel die Musik in einer Kindergartengruppe nur eine untergeordnete Rolle spielt, wird es der Erzieherin kaum möglich sein zu beantworten, ob das Kind einen Rhythmus oder ein Tempo halten kann oder ob es Spaß daran hat, den Klang einzelner Instrumente zu unterscheiden und sie auch zu benennen.

Wofür werden die aus der Beobachtung gewonnenen Erkenntnisse eingesetzt?

Für die Erzieherin kann das Intelligenzprofil eines Kindes als Grundlage für die weitere Arbeit dienen. Das Erkennen von besonderen Kompetenzen oder Interessen eines Kindes erleichtert die Erkenntnis darüber, womit sich ein Kind gerade intensiv beschäftigt oder was das aktuelle Thema des Kindes ist. Darauf aufbauend können individuelle Erfahrungs- und Lernangebote bereitgestellt werden, die die Entwicklung des Kindes unterstützen und herausfordern. Bei einer regelmäßigen Einschätzung der „Sieben Intelligenzen" besteht die Möglichkeit zu einer sehr strukturierten Art der Dokumentation der individuellen Lerngeschichte eines Kindes in unterschiedlichen Bereichen, die auch in Gesprächen mit Eltern genutzt werden kann. Eltern, die von der Erzieherin hören, was ihr Kind besonders gut kann, sind eher bereit, sich auch über die Schwächen ihres Kindes zu unterhalten und gemeinsam mit der Erzieherin Überlegungen anzustellen, wie man mit diesen Schwächen umgehen könnte.

Welche Voraussetzungen sind notwendig, um das Verfahren einzusetzen?

Um das Verfahren der „Sieben Intelligenzen" als Beobachtungsinstrument einzusetzen, benötigen Sie die den jeweiligen Intelligenzbereichen zugeordneten Fragen. Hilfreich ist weiterhin der von Laewen & Andres (2002, S. 176) entwickelte Auswertungsbogen. Wenn sie das Verfahren für jedes Kind ihrer Gruppe einsetzen möchten, sollten Sie genügend Zeit einplanen. Ebenso wie bei den „Grenzsteinen der Entwicklung" ist es hilfreich, wenn Sie auf die Unterstützung einer Kollegin zählen können, die Ihnen zur Seite steht, wenn Sie das Kind beobachten möchten und die mit Ihnen überlegt, welche pädagogischen Angebote für das einzelne Kind Sinn machen.

Wo bekommt man weitere Informationen und Anregungen zum Beobachtungsverfahren?

Die Beschreibung und theoretische Einordnung der „Sieben Intelligenzen", die Fragen zu den einzelnen Intelligenzbereichen und Hinweise zur praktischen Umsetzung finden Sie in folgendem Buch:

Laewen, Hans-Joachim & Andres, Beate (2002): Forscher, Künstler, Konstrukteure. Werkstattbuch zum Bildungsauftrag von Kindertageseinrichtungen. Weinheim: Beltz (ISBN 3-407-56174-1)

4.4 Der Baum der Erkenntnis

Beim „Baum der Erkenntnis" handelt es sich um ein Beobachtungs- und Dokumentationsverfahren, mit dem die Entwicklung und das individuelle Lernen von Kindern und Jugendlichen vom ersten bis zum 16. Lebensjahr verfolgt werden kann. Entwickelt wurde der „Baum der Erkenntnis" in Halmstadt/Schweden, und zwar in Anlehnung an die schwedischen Lehrpläne für die Vorschule und die Grundschule, die in Schweden die Klassen eins bis neun umfasst. Aus dem Schwedischen ins Deutsche übersetzt und veröffentlicht wurde der „Baum der Erkenntnis" von Bremer Pädagogen und Psychologen unterschiedlicher Bildungseinrichtungen (Berger & Berger 2004).

Im Buch zum Beobachtungs- und Dokumentationsverfahren ist tatsächlich auf allen Seiten ein Baum mit Krone, Stamm und Wurzelwerk abgebildet. In der Baumkrone sind die Fächer der Grundschule (z. B. Sport und Gesundheit, Englisch, Biologie, Muttersprache, Gemeinschaftskunde) benannt sowie die Ziele beschrieben, die im Rahmen dieser Fächer erreicht werden sollen. Im Stamm finden sich die anzustrebenden Ziele für die Entwicklung und das Lernen in der Vorschule, also bis zum Eintritt in die erste Klasse, wie sie im schwedischen Lehrplan für die Vorschule festgelegt wurden. In den Wurzeln werden Kom-

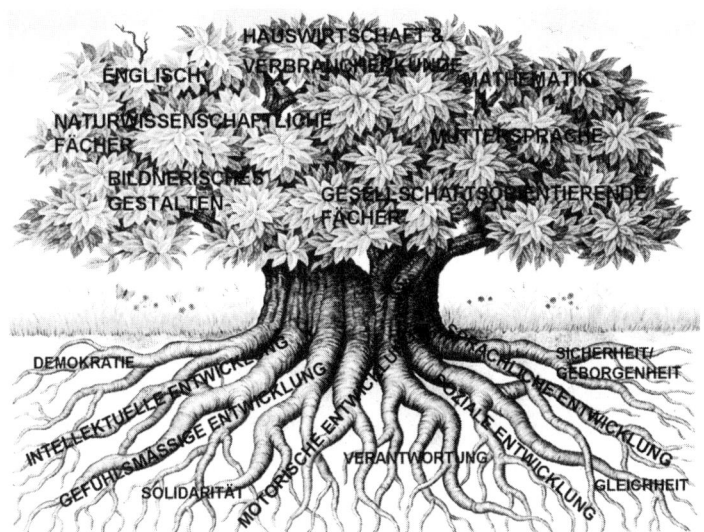

Auszug aus: „Macht Knäckebrot schwedische Kinder klüger?" Tagungsdokumentation.
http://www.verdi.de/0x0ac80f2b_0x0157df73

petenzen dargestellt, zu deren Eroberung Kinder während ihrer
Vorschulzeit angeregt werden sollen. Für den Kindertagesstät-
tenbereich in Deutschland sind deshalb gerade diese Wurzeln
vom „Baum der Erkenntnis" besonders interessant.

Die Wurzeln bestehen aus fünf Wurzelsystemen, die fünf
verschiedene Entwicklungsbereiche darstellen: die intellektuelle
Entwicklung, die gefühlsmäßige Entwicklung, die motorische
Entwicklung, die soziale Entwicklung und die sprachliche Entwicklung. Für jeden dieser Entwicklungsbereiche wird beschrieben, was genau darunter zu verstehen ist und wie übergreifende
gesellschaftliche Ziele damit zum Ausdruck kommen. Gesellschaftliche Ziele sind dabei Demokratie, Gleichheit, Solidarität,
Geborgenheit/Sicherheit und Verantwortung. Sprachliche Entwicklung heißt danach beispielsweise, ein Werkzeug für Kommunikation, Begriffsbildung und Denken auszubilden. Im Sinne

des gesellschaftlichen Ziels der Verantwortung soll das Kind die Fähigkeit erwerben, mit seinem Sprachgebrauch und seiner Wortwahl umzugehen und Konsequenzen daraus zu tragen. Gefühlsmäßige Entwicklung bedeutet, seine Gefühle zu erkennen, damit umzugehen und sie ausdrücken zu können. Im Sinne des gesellschaftlichen Ziels der Demokratie soll das Kind die Fähigkeit erwerben, andere Ansichten anzuhören und zu respektieren, sowie es wagen, seine eigene Meinung auszusprechen. Ausgehend von der kindlichen Entwicklung sind also Werte und Normen benannt, die von Erwachsenen als gesellschaftlich relevant eingeschätzt werden.

Für jeden der fünf Entwicklungsbereiche wird unter Berücksichtigung der im schwedischen Lehrplan für die Vorschule beschriebenen Ziele eine Vielzahl konkreter Kompetenzen benannt, die das Kind im Verlauf seiner Zeit in der Kindertageseinrichtung erwerben kann. Bei der sprachlichen Entwicklung sind dies beispielsweise Kompetenzen wie: sprachlich im Spiel mit anderen Kindern kommunizieren, über nicht Anwesendes sprechen, kurzen Geschichten zuhören, seinen Namen schreiben. Für die gefühlsmäßige Entwicklung werden unter anderem Kompetenzen benannt wie: Vertrauen in die eigenen Fähigkeiten spüren, ein beginnendes Gruppengefühl entwickeln etc.

Die verschiedenen Kompetenzen, die ein Kind in den fünf Entwicklungsbereichen gewinnen kann, sollen im „Baum der Erkenntnis" durch Beobachtung ermittelt werden. Um wirklich alle Kompetenzen berücksichtigen zu können, muss regelmäßig beobachtet werden und die Beobachtungen müssen regelmäßig im Team reflektiert werden. Die zeitliche Dauer der Beobachtung kann dabei von Kind zu Kind sehr unterschiedlich sein. Gerade bei eher ruhigen, schüchternen oder unauffälligen Kindern werden Sie genauer hinschauen müssen, damit Sie Beispiele dafür finden, ob das Kind die angegebenen Kompetenzen zeigt. Ähnliches gilt wahrscheinlich auch für Kinder, denen Sie subjektiv zunächst eher wenige Kompetenzen zutrauen.

Welche Erkenntnisse sollen aus der Beobachtung gewonnen werden?

Im Wurzelbereich vom „Baum der Erkenntnis" kann durch das Markieren der Kompetenzen mit einem Textmarker ein Verständnis darüber erlangt werden, welche Entwicklungsschritte ein Kind schon gegangen ist, welche Fähigkeiten es in den einzelnen Entwicklungsbereichen bereits erworben hat und welche besonderen Interessen und Vorlieben es hat. Zum anderen kann mithilfe dieses Beobachtungs- und Dokumentationsverfahrens auch die eigene pädagogische Arbeit reflektiert werden.

Wo liegt der Beobachtungsfokus?

Wie bei den anderen Beobachtungsverfahren, in denen die Entwicklung im Vordergrund steht, liegt auch beim „Baum der Erkenntnis" der Beobachtungsfokus auf dem einzelnen Kind. Für jedes Kind einer Gruppe sollte in der Kindertageseinrichtung ein eigener individueller „Baum der Erkenntnis" erstellt und nach Möglichkeit in der Grundschule weitergeführt werden. Dabei ist es wichtig, alle Entwicklungsbereiche zu beobachten und zu dokumentieren, da die Kompetenzen eines Kindes sich in unterschiedlichen Bereichen zeigen können und die verschiedenen Entwicklungsbereiche gerade in der frühen Kindheit zusammenspielen und nicht unabhängig voneinander betrachtet werden können.

Wie kann die Beobachtung dokumentiert werden?

Die Broschüre, in der der „Baum der Erkenntnis" abgedruckt ist, dient selbst als Dokumentationsbogen. Das bedeutet, dass für jedes Kind der Gruppe eine solche Broschüre vorhanden sein muss. Am Ende der Kindergartenzeit sollte sie dem Kind und seinen Eltern übergeben werden, damit die Möglichkeit besteht, sie auch in der Grundschulzeit weiterzuführen.

Wie wird die Beobachtung ausgewertet?

Die einzelnen Kompetenzen, die im „Baum der Erkenntnis" benannt sind, dienen nicht dazu, von der Erzieherin schnell und einfach abgehakt zu werden. Es wird ausdrücklich darauf hingewiesen, dass jede Erzieherin möglicherweise einen anderen Blick auf das Kind hat und dass es deshalb notwendig ist, im Team zu diskutieren, wie jeder das einzelne Kind erlebt. Um den tatsächlichen Kompetenzen des Kindes möglichst nahe zu kommen, bietet es sich an, ähnlich wie in Kuno Bellers Entwicklungstabelle, Beispiele aus dem Alltag des Kindes zu finden, an denen man bestimmte Fähigkeiten des Kindes festmachen kann.

Wofür werden die aus der Beobachtung gewonnenen Erkenntnisse eingesetzt?

Der „Baum der Erkenntnis" macht zum einen aufmerksam auf die individuellen Stärken und den Entwicklungsstand jedes einzelnen Kindes. Zum anderen kann er Eltern dazu ermuntern, sich aktiv an der Dokumentation der entwicklungsabhängigen Fähigkeiten ihres Kindes zu beteiligen. Darüber hinaus dient er jedoch auch dazu, die eigene pädagogische Arbeit dahingehend zu reflektieren, wie individuell abgestimmt sie auf die Bedürfnisse, Interessen und Möglichkeiten des einzelnen Kindes ist. Bei Kompetenzen, die das Kind noch nicht erworben hat, soll sich jede Pädagogin die Frage stellen: „Wie sollen wir arbeiten, um gerade diese Kompetenz bei diesem Kind hier und jetzt zu entwickeln?" (Berger & Berger, 2004).

Welche Voraussetzungen sind notwendig, um das Verfahren einzusetzen?

Um mit dem „Baum der Erkenntnis" die Entwicklung kindlicher Kompetenzen zu beobachten und zu dokumentieren sollte das als Broschüre erschienene Material verwendet werden. Dazu muss für jedes Kind der Gruppe eine solche Broschüre und damit ein ganz persönlicher „Baum der Erkenntnis" angelegt werden. Zudem sollte dafür gesorgt werden, dass genügend Zeit vorhanden ist, um jedes Kind der Gruppe mithilfe dieses Verfahrens zu beobachten. Des Weiteren sollte sichergestellt werden, dass im Kolleginnenteam genügend Bereitschaft und Zeit zur Verfügung steht, um über die Beobachtungen zu diskutieren.

Wo bekommt man weitere Informationen und Anregungen zum Beobachtungsverfahren?

Der deutschsprachigen „Baum der Erkenntnis" sowie Hinweise zum Umgang mit diesem Beobachtungs- und Dokumentationsverfahren sind in Buchform erschienen. Außerdem enthält eine im Internet abrufbare Tagungsdokumentation der Gewerkschaft Ver.di eine mehrseitige Anleitung, wie die Arbeit mit dem Verfahren aufgebaut werden kann.

Berger, Marianne & Berger, Lasse (2004): Der Baum der Erkenntnis – Kunskapen Träd. Ein schwedischer Lehrplan für Kinder und Jugendliche von 1–16 Jahren. Broschüre (7,00 Euro).

  Erhältlich bei: Marianne und Lasse Berger
  Rotdornallee 89, 28717 Bremen
  E-Mail: berger_LM@web.de
  Tagungsdokumentation „Macht Knäckebrot schwedische Kinder klüger?" abrufbar unter:
  http://www.verdi.de/fachbereiche/gemeinden/sozial-__
  kinder-_ u__jugendhilfe/materialien_informationen

4.5 SISMIK – Sprachverhalten und Interesse an Sprache bei Migrantenkindern im Kindergarten

Nicht erst seit den PISA-Ergebnissen wissen wir, dass das Beherrschen der deutschen Sprache für Kinder mit Migrationshintergrund eine zentrale Voraussetzung für einen erfolgreichen Übergang in die Schule und für die Bewältigung der schulischen Anforderungen ist. Das Beobachtungsverfahren SISMIK (Ulich & Mayr 2003a) konzentriert sich auf diese Zielgruppe. Es handelt sich um ein Beobachtungsverfahren, das das Sprachverhalten und Interesse an Sprache bei Migrantenkindern im Kindergarten erfasst. Die Autoren distanzieren sich dabei ausdrücklich von einmalig einzusetzenden Sprachstandsmessungen bzw. Sprachtests, wie sie für Kinder kurz vor der Einschulung angewendet werden. Mit der gezielten Beobachtung und Dokumentation von Sprachverhalten und Sprachinteresse soll mit der Anwendung des SISMIK vielmehr die Sprachentwicklung von Migrantenkindern bis zum Übergang in die Schule systematisch begleitet und gefördert werden. Die Bearbeitung wird von der Gruppenleiterin bzw. der pädagogischen Bezugsperson, die das Kind am besten kennt, vorgenommen; es können auch mehrere Fachkräfte zusammenarbeiten. Die Beobachtungen werden auf einem dafür vorgesehenen Beobachtungsbogen dokumentiert.

Welche Erkenntnisse sollen aus der Beobachtung gewonnen werden?

Wie der Name des Verfahrens schon besagt, geht es nicht nur um einen bestimmten vom Kind erreichten „Sprachstand", sondern ebenso um dessen Motivation, sich sprachlich zu verständigen, also Sprache als Kommunikationsmittel einzusetzen. Dabei wird auch die sprachliche Situation in der Kindergruppe und in der Herkunftsfamilie berücksichtigt. Aus der Beobachtung können u. a. Erkenntnisse darüber gewonnen werden, in welchen Situationen ein Kind motiviert ist, sich sprachlich mitzuteilen, inwieweit es Interesse an Sprache und an sprachbezogenen Aktivitäten entwickelt und sprachliche Zusammenhänge verstehen und herstellen kann, und wie sich seine Kompetenzen in der deutschen Sprache im Hinblick auf Satzbau, Grammatik und Artikulation darstellen. Das Sprachvermögen des Kindes in der Familiensprache wird nicht systematisch erfasst.

Wo liegt der Beobachtungsfokus?

Mit dem SISMIK werden Kinder mit Migrationshintergrund in ihrem individuellen Sprachlernprozess beobachtet. Er ist für die Alters- und Entwicklungsspanne von ca. dreieinhalb bis sechs Jahren konzipiert. Die Beobachtung gliedert sich in vier Teile. Teil 1 ist vom Umfang her am ausführlichsten. Er behandelt das sprachliche Interesse und Engagement des Kindes in verschiedenen Situationen, z. B. am Frühstückstisch, in der Freispielzeit oder bei der Bilderbuchbetrachtung. Dabei wurden Situationen ausgewählt, die besonders stark an sprachlichen Austausch gebunden sind, für den Spracherwerb als wichtig eingeschätzt werden und so eingegrenzt sind, dass eine gezielte Beobachtung möglich ist (vgl. Ulich & Mayr 2003b, S. 26). Teil 2 umfasst Beobachtungen zur Sprachkompetenz im engeren Sinne und verlangt Einschätzungen der Erzieherin zum kindlichen Sprachverständnis, seiner Sprechweise, dem Wortschatz sowie von Satzbau und Grammatik. Die Fragen beziehen sich auf typische Prozesse und Stufen des Zweitspracherwerbs. Teil 3 bezieht sich auf den Umgang des Kindes mit seiner Familiensprache in der Einrichtung und zu Hause, und Teil 4 beinhaltet Informationen zur familiären Lebenssituation und Sprachpraxis (Welche Sprache sprechen Mutter und Vater mit dem Kind? Wie werden die Deutschkenntnisse der Eltern eingeschätzt?) sowie zur Beziehung der Familie zur Kindertageseinrichtung. Diese werden als wichtig erachtet, um den aktuellen Sprachstand des Kindes einzuordnen und um künftige Entwicklungs- und Fördermöglichkeiten besser abschätzen zu können.

Um die Fragen beantworten zu können, ist ein genaues Hinschauen notwendig. Das Kind soll mehrmals beobachtet werden, bevor die Einschätzung vorgenommen wird, damit diese nicht nur auf einem vielleicht einmaligen Eindruck beruht. Für manche Einschätzungen – z. B. wie sich das Kind beim Nacherzählen einer Geschichte verhält – müssen Situationen gezielt herbeigeführt werden. Die Autoren empfehlen, das Verfahren entwicklungsbegleitend einzusetzen, also jedes Kind im Verlauf seiner Kita-Zeit mehrfach zu beobachten.

Bilderbuchbetrachtung als pädagogisches Angebot in der Kleingruppe

	nie	sehr selten	selten	manch-mal	oft	sehr oft
Kind hört aufmerksam zu und schaut sich die Bilder an	①	②	③	④	⑤	⑥
benennt einzelne Dinge auf der Bilderbuchseite (auf Deutsch)	①	②	③	④	⑤	⑥
versucht (auf Deutsch) einen Zusammenhang zwischen Bildern herzustellen, wird zum „Erzähler"	①	②	③	④	⑤	⑥
Ist sich des Unterschiedes zwischen Bild und Text bewusst, fragt z. B. nach, was „da steht", was da geschrieben ist	①	②	③	④	⑤	⑥

Auszug aus: Ulich, Michaela & Mayr, Toni (2003a): sismik. Sprachverhalten und Interesse an Sprache bei Migrantenkindern in Kindertageseinrichtungen, Freiburg: Herder, S. 5, Teil 1–G.

Wie kann die Beobachtung dokumentiert werden?

Auf einem zwölfseitigen Beobachtungsbogen können die den vier Teilen zugeordneten insgesamt 96 Fragen beantwortet werden. Bei den meisten Fragen ist ein Rating, also eine globale Einschätzung der Auftretenshäufigkeit durch die Fachkraft vorgesehen. Dazu gibt es Skalen mit zwei bis sechs Abstufungen bzw. Antwortvorgaben. Jeder Antwortvorgabe in Teil 1 und 2 des Beobachtungsbogens ist ein numerischer Wert zugeordnet, der später eine quantitative Auswertung der Ergebnisse ermöglicht

Im ersten Teil, in dem das Sprachverhalten des Kindes in sprachrelevanten Alltagssituationen im Kindergarten beurteilt werden soll, ist Platz für frei formulierte Anmerkungen zu den Fragen vorgesehen. Er kann genutzt werden, um z. B. die Beobachtungssituation zu konkretisieren oder ergänzende Informationen zu notieren. Die letzte Seite des Bogens bietet Raum, um Konsequenzen aus den Beobachtungen und Stichworte zum weiteren Vorgehen zu notieren.

Wie wird die Beobachtung ausgewertet?

Es gibt zwei Möglichkeiten der Auswertung, die in dem Begleitheft zum Beobachtungsbogen beschrieben und mit Beispielen veranschaulicht werden. Die erste Form der Auswertung ist eine individuelle Betrachtung des Kindes hinsichtlich seiner Vorlieben, Abneigungen, Interessen, Stärken und Schwächen beim Gebrauch von Sprache. Diese „qualitative" Herangehensweise bezieht auch die Hintergrundinformationen aus Teil 3 und 4 mit ein, um konkrete Ansatzpunkte für eine gezielte Förderung zu erhalten. Die zweite Form der Auswertung zielt auf einen Vergleich der Ergebnisse des Kindes mit einer so genannten Normstichprobe von über 2000 Migrantenkindern. Damit wird es möglich, abzuschätzen, wo ein Kind in seiner Sprachentwicklung verglichen mit anderen Migrantenkindern seiner Altersgruppe steht. Die Beobachtungsergebnisse aus den Teilen 1 und 2 werden dazu zu sechs Skalen zusammengefasst: Sprachverhalten im Kontakt mit Kindern (1), im Kontakt mit pädagogischen Bezugspersonen (2) und bei Bilderbuchbetrachtungen, Erzählungen und Reimen (3), selbstständiger Umgang mit Bilderbüchern (4), Interesse an Schrift (5) sowie sprachliche Kompetenz (6). Für jede Skala ergibt sich ein Gesamtpunktwert, der wiederum die Position des Kindes im Vergleich zur Normstichprobe bestimmt. So liegt ein viereinhalbjähriges Mädchen, das auf der Skala „Sprachverhalten im Kontakt mit Kindern" 26 Punkte „erreicht", damit unter den Werten von 70 % aller Kinder der Normstichprobe; es ist aber durchaus denkbar, dass dasselbe Mädchen auf der Skala „Selbstständiger Umgang mit Bilderbüchern" zu den oberen 10 % gehört. Eine solche Auswertung kann also ebenfalls Hinweise auf individuellen Unterstützungsbedarf und Fördermöglichkeiten geben. Allerdings kann sie auch ein gewisses „Schubladendenken" befördern und die Gefahr bergen, sprachlich benachteiligte Kinder eben doch überwiegend als defizitär wahrzunehmen. Insofern sollte die individuelle Auswertung immer vorrangig oder zumindest parallel zur quantitativen Auswertung erfolgen.

Wofür werden die aus der Beobachtung gewonnenen Erkenntnisse eingesetzt?

Die Autoren des SISMIK betonen die enge Verbindung zwischen Beobachtung und Förderung. Es geht nicht darum, Sprachstörungen oder Sprachentwicklungsverzögerungen aufzudecken – hierfür kann das Verfahrens zwar sensibilisieren, es kann und soll jedoch nicht diagnostisch eingesetzt werden –, sondern vielmehr darum, die Sprachentwicklung von Kindern zu begleiten und Lernchancen eines Kindes in der Einrichtung zu beurteilen und zu erweitern. Die Informationen aus der Beobachtung bieten konkrete Ansatzpunkte für Fördermöglichkeiten, die nicht nur individuell, sondern für die gesamte Gruppe bereichernd sein können. Dabei kann es sein, dass es nicht nur um zusätzliche Angebote und Aktivitäten, sondern auch um die Reflexion und Weiterentwicklung der bisherigen pädagogischen Praxis geht. Wenn z. B. bestimmte Kinder kein Engagement und Interesse in Vorlesesituationen zeigen, dann sollte gefragt werden, woran dies liegen kann: vielleicht an der Gestaltung der Situation, an der Angemessenheit der ausgewählten Bücher, an der Form der Präsentation, an der Gruppengröße?

Welche Voraussetzungen sind notwendig, um das Verfahren einzusetzen?

Sie benötigen zunächst einmal den Beobachtungsbogen und das Begleitheft. Zur Beantwortung der Fragen benötigt man keine spezifischen Kenntnisse der kindlichen Sprachentwicklung. Im Rahmen eines ersten Vertrautmachens mit den einzelnen Fragen sollten Unklarheiten notiert, wenn möglich im Team diskutiert und aufgelöst werden. Vor dem Ausfüllen des Bogens ist jedes Kind in seinem Sprachverhalten in den einzelnen angesprochenen Situationen bzw. Aspekten mehrfach zu beobachten. Dies kann zum großen Teil im Kindergartenalltag geschehen. Das Ausfüllen des Beobachtungsbogens nimmt bei vollständiger Bearbeitung zwischen 60 und 90 Minuten in Anspruch, mit zunehmender Erfahrung verringert sich der Zeitaufwand. Weitere Zeitkontingente sind für die Auswertung und die daran anschließende Umsetzung in Bildungsangebote einzuplanen.

Wo bekommt man weitere Informationen und Anregungen zum Beobachtungsverfahren?

Das Beobachtungsverfahren SISMIK und das dazugehörige Begleitheft sind im Verlag Herder erschienen und im Buchhandel erhältlich. Das Begleitheft hilft pädagogischen Fachkräften, mit dem Bogen zu arbeiten und die Beobachtungen selbst auszuwerten. Zehn Bögen plus Begleitheft werden zum Preis von 4,90 Euro vertrieben.

Ergänzend gibt es einen auf das Verfahren abgestimmten Videofilm plus Begleitheft (ISBN 3-451-28271-2). Er enthält 12 kurze Szenen, die die sprachlichen Aktivitäten von einzelnen Kindern in verschiedenen pädagogischen Situationen einfangen, und kann zur Beobachtungsübung sowie zur pädagogischen Planung eingesetzt werden.

Michaela Ulich & Toni Mayr: SISMIK (Sprachverhalten und Interesse an Sprache bei Migrantenkindern in Kindertageseinrichtungen). Ein Beobachtungsbogen. Herder Verlag, Freiburg 2003 (ISBN 3-451-28270-4)

4.6 Die Leuvener Engagiertheitsskala

Die Leuvener Engagiertheitsskala wurde an der Universität Leuven in Belgien entwickelt. Mit der Engagiertheitsskala sollen individuelle Interessen und Lernprozesse von Kindern erfasst werden. Engagiertheit wird dabei als ein Qualitätsmerkmal verstanden, das für eine Vielzahl von Situationen und in allen Altersstufen anwendbar ist. Ob ein Kind bei einer bestimmten Tätigkeit engagiert ist oder nicht, lässt sich an einer Reihe von Signalen festmachen. Engagiertheit ist daran zu erkennen, dass ein Kind „ganz bei der Sache ist". Ist dies der Fall, zeigt das Kind Konzentration und Ausdauer bei seiner Tätigkeit. Sein Gesichtsausdruck und seine Körperhaltung können durchaus angespannt sein, es beißt sich zum Beispiel auf die Zunge. Das Kind ist sehr genau in dem was es tut, es macht nichts nebenbei oder schlampig. Mit seinem Produkt ist das Kind sehr zufrieden, wenn es selbst bestimmt hat, dass es fertig ist.

Das Konzept der Engagiertheit geht davon aus, dass jedes Kind bei seinen Aktivitäten ein mehr oder weniger großes Ausmaß an Engagiertheit zeigt. Dieses Ausmaß wird während der Beobachtung auf einer fünfstufigen Skala bewertet: Skala Stufe 1: keine Aktivität, Skala Stufe 2: häufig unterbrochene Aktivität, Skala Stufe 3: mehr oder weniger andauernde Aktivität, Skala Stufe 4: Aktivität mit intensiven Momenten, Skala Stufe 5: anhaltend intensive Aktivität. Zur Einschätzung der Engagiertheit des Kindes in einer Situation reicht eine Beobachtungszeit von 5–10 Minuten aus. Um jedoch einen Gesamteindruck der Engagiertheit eines Kindes in der Kindertageseinrichtung zu erhalten, sollte die Beobachtung und Einschätzung in mehreren Situationen erfolgen und in einem halbjährlichen Abstand wiederholt werden.

Die Stufen der Engagiertheit

Skala Stufe 1: keine Aktivität
Diese Stufe beschreibt Phasen, wenn Kinder „nicht-aktiv" sind. Dies ist sehr deutlich, wenn sie in die Luft starren, teilnahmslos und abwesend in einer Ecke sitzen, mit „nichts" beschäftigt sind. Aber hier ist Vorsicht geboten: ein Kind, das scheinbar „nichts tut", kann sehr wohl innerlich konzentriert sein! Die Beobachtung anhand der Signale von Engagiertheit kann darüber meistens Aufschluss geben.
Stufe 1 schließt auch Momente ein, in denen Kinder scheinbar aktiv sind, in Wirklichkeit sind sie aber abwesend. Ihre Handlungen sind z. B. das stereotype Wiederholen von sehr einfachen Bewegungen. Die Kinder führen ihre Aktivitäten auch nicht wirklich bewusst aus.

Skala Stufe 5: anhaltend intensive Aktivität

Stufe 5 ist für Aktivitäten vorbehalten, die von größtmöglicher Engagiertheit begleitet werden. Das Kind ist deutlich vertieft in seine Aktivität, gefesselt von dem, was es tut. Seine Augen sind nahezu ununterbrochen auf die Handlungen oder das Material gerichtet. Reize der Umgebung erreichen es nicht oder kaum. Die Aktionen werden gern gemacht. Die erforderliche geistige Anstrengung geschieht auf eine natürliche, selbstverständliche Art und Weise, nicht so sehr durch Willenskraft. Es wird beim Kind auch eine gewisse Spannung deutlich, die aber sachbezogen ist und nicht zu verwechseln mit negativer gefühlsmäßiger Anspannung.

Für eine Bewertung mit Stufe 5 müssen vor allem „Konzentration", „Energie", „Ausdauer" und „Komplexität" deutlich wahrnehmbar sein.

Auszug aus: Laevers, F. (Hrsg.) (1997): Die Leuvener Engagiertheits-Skala für Kinder LES-K. Deutsche Fassung der Leuven Involvement Scale for Young children, hier S. 14 und 15.

Welche Erkenntnisse sollen aus der Beobachtung gewonnen werden?

Aus entwicklungspsychologischer Sicht basiert die Leuvener Engagiertheitsskala auf Wygotskis Theorie der „nächstfolgenden Entwicklung". Diese besagt, dass Kinder insbesondere bei jenen Aktivitäten etwas lernen, bei denen sie etwas noch nicht ganz verstehen beziehungsweise etwas noch nicht so richtig können. Wenn Kinder sich solchen Herausforderungen stellen dürfen, dann engagieren sie sich auch. Als Ergebnis dieser Engagiertheit geschieht Entwicklung. Engagiertheit tritt dagegen nicht ein, wenn Kinder Anforderungen als viel zu hoch empfinden oder wenn sie sich ganz und gar unterfordert fühlen. In solchen Situationen lernen die Kinder nichts. Um die Engagiertheit eines Kindes einschätzen zu können, ist deshalb das jeweilige Alter beziehungsweise der Entwicklungsstand des Kindes zu berücksichtigen. Bei jeder Einschätzung einer kindlichen Aktivität muss sich die Erzieherin fragen: Ist diese Tätigkeit für dieses Alter oder für dieses Kind wirklich eine Herausforderung? Bewertet wird also der Prozess der Aktivität und nicht das Ergebnis. Ein zweijähriges Kind, das versucht mit einer Schere einen Kreis auszuschneiden, kann dabei äußerst engagiert sein, auch wenn das ausgeschnittene Ergebnis zum Schluss kaum einem Kreis ähnelt. Demgegenüber kann ein fünfjähriges Kind, das den Kreis in kürzester Zeit perfekt ausschneidet, dies mit einem Minimum an Engagiertheit tun. Für das engagierte jüngere Kind stellt die Tätigkeit eine Herausforderung dar und es lernt etwas dabei. Für das kaum engagierte ältere Kind handelt es sich um eine Routinetätigkeit, die ihm keinen Entwicklungsfortschritt bringt. Engagiert können die Kinder im Übrigen auch dann sein, wenn sie sich streiten. Im engagierten Streit mag der Entwicklungs-fortschritt darin liegen, mit gleichaltrigen Spielpartnern eine Einigung zu erzielen oder Strategien zu entwickeln, die eigenen Interessen durchzusetzen.

In der Annahme, dass alle Kinder etwas lernen wollen und sich dann engagieren, wenn sie in ihrem Lernen herausgefordert werden, sagt die Einschätzung der Engagiertheit der Kinder in erster Linie etwas über die Qualität der pädagogischen Arbeit sowohl im Hinblick auf räumliche und materielle Rahmenbe-dingungen als auch im Hinblick auf pädagogische Angebote durch die Erzieherin aus. Wenn sich ein Kind beispielsweise bei einem pädagogischen Angebot nicht konzentriert beziehungs-weise nicht bei der Sache ist, dann ist dieses Angebot für dieses Kind zu schwierig, zu einfach oder zu langweilig, als das es sich engagieren könnte. Trifft das pädagogische Angebot hingegen genau die Interessen des Kindes und stellt es für das Kind eine Herausforderung dar, dann wird es sich auch dafür engagieren.

Wo liegt der Beobachtungsfokus?

Eingeschätzt werden kann mit der Leuvener Engagiertheitsskala sowohl die Engagiertheit eines einzelnen Kindes als auch die Engagiertheit einer ganzen Gruppe von Kindern. Zudem ist es möglich, die Engagiertheit im Bezug auf bestimmte Aktivitäten und Situationen oder im Bezug auf pädagogische Angebote einzuschätzen. Es kann beispielsweise gefragt werden, wie engagiert die einzelnen Kinder sind, wenn ein Bastelangebot gemacht wird, wie engagiert die Kinder sind, wenn sie in der Bauecke spielen oder wie engagiert die Kinder sind, wenn sie im Garten der Kindertageseinrichtung toben. Weiterhin kann die Engagiertheit von Kindern in bestimmten Entwicklungsbereichen eingeschätzt werden. Engagiert sich ein Kind beispielsweise besonders, wenn etwas vorgelesen wird, wenn es klettern und rennen kann oder wenn es ein Bild malt?

Wie kann die Beobachtung dokumentiert werden?

Für die Dokumentation der Engagiertheit werden verschiedene Beobachtungsbögen angeboten, je nachdem ob einzelne Kinder, die ganze Gruppe, verschiedene Aktivitäten oder pädagogische Angebote eingeschätzt werden sollen. Es ist jedoch auch möglich, sich je nach Beobachtungsschwerpunkt einen eigenen Beobachtungsbogen zu erstellen.

Wie wird die Beobachtung ausgewertet?

Bei der Auswertung der Einschätzung zur Engagiertheit steht die Frage im Mittelpunkt, wie gut die Kindertageseinrichtung die Entwicklung der Kinder unterstützt und herausfordert. Bei Kindern, die sich wenig engagieren, muss die Frage nach der Qualität der pädagogischen Arbeit gestellt werden. Wenn die Kinder einer Gruppe beispielsweise immer nur laut durch den Gruppenraum toben, sollten sich die Erzieherinnen fragen, welches Anregungspotenzial der Raum bietet. Gibt es Spielzeug, das die Kinder wirklich interessiert? Haben sie Ecken, in die sie sich zurückziehen können, um ungestört miteinander zu spielen? Stimmt die Zusammensetzung der Gruppe, d. h. können die Kinder etwas miteinander anfangen? Gleiches gilt für pädagogische Angebote oder Projekte, die die Erzieherin anbietet. Wenn sich die Kinder nicht dafür engagieren, müssen zum Beispiel folgende Fragen gestellt werden: Fordert das Angebot die Entwicklung der Kinder heraus? Trifft es die Interessen der Kinder? Können die Kinder eigene Ideen einfließen lassen?

Wofür werden die aus der Beobachtung gewonnenen Erkenntnisse eingesetzt?

Die mit der Leuvener Engagiertheitsskala gewonnenen Erkenntnisse dienen in erster Linie dazu, räumliche, materielle und zeitliche Rahmenbedingungen so zu gestalten, dass die Kinder sich mit Ausdauer und Konzentration einer selbst gewählten Aufgabe widmen können. Pädagogische Herausforderungen können überdacht werden, damit sie genau dort ansetzen, wo sich das Kind engagiert, um entwicklungsfördernd zu wirken. Insgesamt sollte die Frage gestellt werden, welche Bedingungen ein Kind benötigt, um sich intensiver zu engagieren.

Welche Voraussetzungen sind notwendig, um das Verfahren einzusetzen?

Um sich mit dem Konzept der Engagiertheit und der dazugehörigen Skala vertraut zu machen, bietet es sich an, dass dazugehörige Material (Manual und Videobeispiele) anzuschaffen und gemeinsam mit Kolleginnen zu erarbeiten. Ein Arbeitsbuch zur Engagiertheitsskala ist ebenfalls erhältlich. Die Beobachtung und Bewertung der kindlichen Engagiertheit kann dann in jeder Situation im Tagesverlauf erfasst werden. Dabei reicht eine Beobachtungszeit von 5–10 Minuten pro Kind bereits aus, um erste Erkenntnisse zu gewinnen. Da Sie als die beobachtende Erzieherin in dieser Zeit den Kindern nicht als Ansprechpartnerin zur Verfügung stehen können, ist es so wie bei manchen anderen Verfahren wichtig, sich mit einer Kollegin abzusprechen und während der Beobachtungszeit mindestens zu zweit in der Kindergruppe zu sein. Auch bei der Auswertung macht es Sinn, im Team zusammenzuarbeiten. Manche Ideen zur Verbesserung der Rahmenbedingungen und zur Gestaltung attraktiver pädagogischer Angebote, für die sich die Kinder engagieren können, entstehen erst, wenn man sich mit anderen darüber austauscht.

Wo bekommt man weitere Informationen und Anregungen zum Beobachtungsverfahren?

Umfangreiches Trainings- und Informationsmaterial zur Leuvener Engagiertheitsskala, ein Video mit einer Fülle von Beispielszenen und ein Arbeitsbuch, das verschiedene Einsatzmöglichkeiten der Beobachtungsbögen erläutert und Anregungen für die pädagogische Umsetzung der Ergebnisse liefert, können Sie bei der Fachschule für Sozialpädagogik in Erkelenz beziehen: Berufskolleg Erkelenz, Westpromenade 2, 41812 Erkelenz, Tel. 02431/806020, Fax 02431/8060249

4.7 Beobachtung und fachlicher Diskurs zu den Themen der Kinder

Um Bildungsthemen von Kindern besser identifizieren und dokumentieren zu können, stellen Hans-Joachim Laewen und Beate Andres (2002) einen Beobachtungsbogen vor, der relativ offen gestaltet ist, um den Beobachtungsblick nicht auf bestimmte Verhaltensweisen oder Fertigkeiten der Kinder einzuengen. Ansätze aus der Reggio-Pädagogik dienen als Grundlage für diese Form der Beobachtung. Es wird davon ausgegangen, dass das, was die Kinder tun, für sie selbst Sinn macht, auch wenn Erwachsene diesen Sinn nicht immer verstehen. Laewen und Andres schlagen vor, täglich fünf Minuten mit diesem Verfahren zu beobachten. Da es sich um eine offene und komplexe Form der Beobachtung handelt, ist davon auszugehen, dass die Auswertung einer solchen fünfminütigen Beobachtung mindestens 20 Minuten in Anspruch nimmt.

Welche Erkenntnisse sollen aus der Beobachtung gewonnen werden?

Ziel der Beobachtung und des fachlichen Diskurses ist es, zu verstehen, mit welchen Themen die Kinder umgehen, was sie besonders interessiert. In einem ersten Schritt sollen Erzieherinnen deshalb das beobachtete Geschehen möglichst genau beschreiben, ohne es zu interpretieren. Aufgeschrieben werden soll alles, was geschieht und was die beteiligten Kinder tun oder sagen. Nach der Beschreibung der Situation werden die Erzieherinnen dazu angeregt, ihre eigenen Gefühle und spontanen Ideen zu notieren, die ihnen zu ihrer Beobachtung einfallen. Die Frage dazu im Beobachtungsbogen lautet: „Was macht diese Situation mit mir?" Im dritten Abschnitt des Beobachtungsbogens wird empfohlen, einen Perspektivenwechsel vorzunehmen, um eine Unterscheidung zwischen dem herbeizuführen, was die Kinder tun und sagen und welche Gefühle sie durch ihre Mimik und Gestik ausdrücken sowie dem, was bei der Erzieherin an Gefühlen wachgerufen wird. Die Erzieherinnen werden aufgefordert, sich in die Lage der beobachteten Kinder zu versetzen und aufzuschreiben, welche Bedeutung die Situation für sie hätte, wenn sie das Kind wären. Damit soll bewusst eine unreflektierte Übertragung der eigenen Empfindungen auf die beobachteten Kinder erschwert werden. Insbesondere dieser Perspektivenwechsel erlaubt es, auch jene Verhaltensweisen und Handlungen von Kindern zu verstehen, die auf den ersten Blick für die Erzieherin unverständlich, wenn nicht gar unangemessen und irritierend wirken. Kinder, die beispielsweise beim Regelspiel schummeln, beschäftigen sich vielleicht mit den Themen Kooperation und Konkurrenz. Kleine Kinder, die anscheinend wahllos verschiedene Gegenstände zueinander legen, haben es sich unter Umständen zum Thema gemacht, zu sortieren und zu ordnen, auch wenn ihr Ordnungsempfinden dabei nicht immer dem der Erwachsenen entspricht.

Wo liegt der Beobachtungsfokus?

Wenn Themen der Kinder erfasst werden sollen, kann der Beobachtungsfokus sowohl auf einzelnen Kindern liegen als auch auf einer Gruppe von Kindern, die miteinander spielen. Beobachtet werden kann im Prinzip alles, was die Kinder tun. Allerdings bietet es sich an, in Situationen zu beobachten, in denen die Kinder selbst auswählen, was und mit wem sie spielen wollen. In solchen Situationen wird besonders deutlich, was die Kinder zurzeit besonders interessiert und wofür sie sich von sich aus engagieren.

Von Laewen und Andres (2002) wird vorgeschlagen, dass jede Erzieherin zwei- bis dreimal in der Woche eine Beobachtung durchführt, in der sie die Themen der Kinder dokumentiert. Jede dieser Beobachtungen sollte zwischen fünf und zehn Minuten dauern.

Wie kann die Beobachtung dokumentiert werden?

Für die Dokumentation der Beobachtung wird ein Beobachtungsbogen angeboten, auf dem vermerkt ist, worauf die beobachtende Erzieherin achten sollte, wenn sie sich für die Themen der Kinder interessiert. Auf dem Bogen finden sich folgende Beobachtungsfragen:

- Was geschieht? Was tun, sagen die Kinder?
- Was macht die Situation mit mir? Welche Reaktionen (körperlich, emotional, z. B. Anspannung, Freude, Interesse, Ärger, Langeweile, Angst) werden bei mir hervorgerufen? Was berührt mich, ruft Bilder, Erinnerungen wach, löst Gedanken, Ideen aus?
- Wenn ich das Kind wäre, welche Bedeutung hätte die Situation für mich? Wie fühlen sich die einzelnen Kinder aus meiner Sicht?

Diese Art der Dokumentation hilft dabei, auch später noch darüber Auskunft geben zu können, was genau beobachtet wurde. Im Prinzip ist es jedoch ebenfalls möglich, bei der Beobachtung der Themen der Kinder laufende Notizen zu machen, Tagebuch zu führen oder Videoaufnahmen zu machen.

Wie wird die Beobachtung ausgewertet?

Im weiteren Vorgehen beim Beobachten der Themen der Kinder wird von Laewen und Andres (2002) vorgeschlagen, die dokumentierten Beobachtungen einer fachlichen Reflexion zu unterziehen. In dieser Reflexion soll im Erzieherinnenteam darüber diskutiert werden, welche intuitiven und welche fachlich begründeten Schlüsse sich aus der Beobachtung ziehen lassen, welche Deutungen die Handlungen der Kinder zulassen und mit welchen Themen die Kinder umgehen. Eine solche fachliche Reflexion sollte auf der Grundlage entwicklungspsychologischer Kenntnisse geführt werden. Des Weiteren soll im fachlichen Diskurs geklärt werden, welche weiteren Fragen sich aus der Beobachtung ergeben und worauf bei der nächsten Beobachtung besonders geachtet werden soll.

Wofür werden die aus der Beobachtung gewonnenen Erkenntnisse eingesetzt?

Aufgabe der Erzieherin ist es, Kinder in ihren Bildungsbemühungen zu unterstützen und herauszufordern. Um dies zu tun, muss die Erzieherin wissen, mit welchen Themen sich die Kinder gerade beschäftigen. Grundlage jedes Bildungsangebots muss daher die Beobachtung der Themen der Kinder sein, denn von pädagogischen Angeboten, die an den Themen der Kinder vorbei gemacht werden, ist kein Entwicklungsfortschritt zu erwarten. Auf der Grundlage der fachlichen Reflexion im Team sollen Schlüsse für das pädagogische Handeln im Hinblick auf das räumliche und materielle Angebot als auch im Hinblick auf die sozialen Erfahrungen gezogen werden.

Daneben kann die Beobachtung der Themen der Kinder auch für die Zusammenarbeit mit den Eltern genutzt werden. Eltern sind in der Regel sehr erfreut darüber, wenn sie im Gespräch mit der Erzieherin oder durch Bild- und Schriftdokumentation einen Eindruck davon bekommen, womit sich ihr Kind während des Tages im Kindergarten beschäftigt. Ist dies regelmäßig der Fall, dann werden für die Kinder eher langweilige Bastel- oder Malarbeiten, die Eltern häufig einfordern, um sich ein Bild von der Situation ihres Kindes in der Einrichtung zu machen, mehr und mehr überflüssig.

Welche Voraussetzungen sind notwendig, um das Verfahren einzusetzen?

Da die Beobachtung, Auswertung und fachliche Reflexion der Themen der Kinder relativ zeitintensiv ist, erfordert sie eine klare Absprache zwischen den Kolleginnen im Team. Während der Beobachtung sollte die jeweilige Erzieherin nicht in die Arbeit mit den Kindern einbezogen sein. Einmal wöchentlich sollten alle Erzieherinnen eines Teams zum fachlichen Austausch zusammenkommen, bei dem über die Beobachtungen während der Woche diskutiert wird. Sowohl für die Dokumentation ihrer Beobachtungen als auch für den fachlichen Austausch benötigen die Erzieherinnen Zeiten, in denen keine Kinder anwesend sind. Inwieweit dies in den organisatorischen Ablauf des Alltags Ihrer Kindertageseinrichtung eingebaut werden kann, sollten Sie vorab in Ihrem Team klären.

Wo bekommt man weitere Informationen und Anregungen zum Beobachtungsverfahren?

Die Beschreibung und theoretische Einordnung zur Beobachtung und fachlichen Reflexion der Themen der Kinder, den Beobachtungs- und Dokumentationsbogen sowie Hinweise zur praktischen Umsetzung des Verfahrens finden Sie in folgendem Buch:
Laewen, Hans-Joachim & Andres, Beate (2002): Forscher, Künstler, Konstrukteure. Werkstattbuch zum Bildungsauftrag von Kindertageseinrichtungen. Weinheim: Beltz (ISBN 3-407-56174-1)

4.8 Ermittlung von Gruppenstrukturen (Soziogramme)

Die Idee, Positionen Einzelner innerhalb einer Gruppe und Beziehungen unter den Mitgliedern einer Gruppe zu ermitteln, geht auf Jacob L. Moreno zurück. Er entwickelte ca. 1930 als Methode die Soziometrie und als Darstellungsform der Beziehungsstrukturen das Soziogramm. Die Informationen, die als Grundlage für die Erstellung von Soziogrammen dienen, können durch Befragung oder Beobachtung gewonnen werden. Die Auswertung eines Soziogramms kann z. B. Aufschluss darüber geben, welche Kinder viel miteinander spielen und welche wenig miteinander zu tun haben; ob es Kinder in der Gruppe gibt, die relativ isoliert erscheinen; oder ob Spielbereiche wie die Bauecke oder der Rollenspielbereich überwiegend von bestimmten Kindern genutzt werden und von anderen nur sehr selten.

Soziogramme eignen sich besonders für die Darstellung von Beziehungsstrukturen oder Spielkontakten in kleineren Gruppen. Bei mehr als ca. 15 Kindern sind die Ergebnisse schwer darzustellen und zu interpretieren.

Welche Erkenntnisse sollen aus der Beobachtung gewonnen werden?

Das Hauptaugenmerk liegt auf den Beziehungsstrukturen, die sich in einer Gruppe ausbilden. Insbesondere kann das Verfahren dazu dienen, die Aufmerksamkeit auf diejenigen Kinder zu lenken, die wenig Kontakte oder Spielpartnerschaften haben und evtl. Gefahr laufen, am Rande des Gruppengeschehens zu verbleiben oder sogar innerhalb der Gruppe isoliert zu sein. Nicht immer sind solche Beziehungsmuster und Positionen innerhalb der Gruppe ohne systematische Beobachtung zu erkennen. Allerdings ist ein Soziogramm immer nur eine Momentaufnahme der Gruppenstruktur und bildet nur einen Ausschnitt der komplexen Zusammenhänge ab.

Wo liegt der Beobachtungsfokus?

Der Schwerpunkt der Beobachtung liegt eindeutig auf den sozialen Kontakten und der sozialen Einbindung einzelner Kinder sowie darauf, individualisierte Beziehungen wie Freundschaften und wechselseitige Spielpartnerpräferenzen wahrzunehmen. Um ein Soziogramm zu erstellen, ist die Beobachtung bzw. Einschätzung aller Kinder der Gruppe notwendig. Die Erhebung bzw. Einschätzung sollte regelmäßig vorgenommen werden, um Veränderungen wahrzunehmen und auf sie reagieren zu können. Laewen und Andres (2002, S. 191) schlagen einen halbjährlichen Abstand vor. Es gibt mehrere Möglichkeiten, ein Soziogramm zu erstellen. Im Folgenden werden zwei Formen vorgestellt: das Kontaktsoziogramm und das Spiele-Soziogramm.

Wie kann die Beobachtung dokumentiert werden?

Kontakt-Soziogramm

Das *Kontakt-Soziogramm* beruht auf der eher globalen Einschätzung der Erzieherin, welche Kinder Kontakt zueinander suchen. Es hilft zu erkennen, welche Kinder der Gruppe aktiv Kontakt zu anderen aufnehmen und welche eher zurückhaltend sind; weiter, welche Kinder der Gruppe begehrte Spielpartner sind, die von anderen Kindern zum Spielen ausgewählt werden, und welche Kinder selten eingebunden oder sogar völlig übersehen werden. In einem Formblatt markiert man für jedes einzelne Kind der Gruppe, zu welchen anderen Kindern es aktiv Kontakt sucht. Dies kann über unterschiedliche Verhaltensweisen (zum Spiel dazugesellen, fragen, ob man mitspielen darf, eine eigene

Kontakt-Soziogramm Gruppe „Tigerenten"

	Nina	Marie	Sophia	Carmen	Benni	Cem	Leon	Ilker	Aktive Wahlen
Nina		X		X		x			3
Marie	x		x	X					3
Sophia									0
Carmen		X				x	x		3
Benni							x		1
Cem		X		x				x	3
Leon						x	x		2
Ilker						x	x		2
Passive Wahlen	1	3	1	2	2	4	3	1	

Spielidee vorschlagen, Platz neben dem Kind auswählen; bei jüngeren Kindern: Spielzeug anbieten, imitieren) und in verschiedenen Situationen (Freispiel, Mahlzeiten, Spiel im Außenbereich, Ausflüge) geschehen. Es ist wahrscheinlich, dass Sie nicht bei allen Kindern genau sagen können, welche Kontakte bestehen. Dann sollten Sie ein paar Tage besonders aufmerksam im Gruppenalltag hinschauen. Das fertiggestellte Kontakt-Soziogramm gibt darüber Aufschluss, wie viele und welche *aktiven Wahlen* jedes Kind vornimmt und von wie vielen und welchen Kindern es gewählt wird (*passive Wahlen*).

Für neue Kinder bietet sich die Anfertigung eines Kontakt-Soziogramms einige Wochen nach der Aufnahme an.

Spiele-Soziogramm

Eine zweite, etwas aufwändigere Form des Soziogramms ist das *Spiele-Soziogramm*. Es gibt Auskunft darüber, welche Kinder bevorzugt Spielpartnerschaften miteinander eingehen und wie sich Spielgruppen zusammensetzen. Der Beobachtungsfokus kann auch auf die Nutzungsstrukturen bestimmter Spielbereiche gelegt werden.

Für das Spiele-Soziogramm wird gezielt an mindestens zehn Tagen innerhalb von ca. 5 Wochen eine Momentaufnahme des

Gruppengeschehens festgehalten. Dazu ist es vorab nötig, eine Raumskizze anzufertigen und in der notwendigen Anzahl zu kopieren. Legen Sie dann eine Zeit fest, zu der beobachtet werden soll, z. B. zehn Minuten nach Beginn der Freispielphase am Vormittag. Tragen Sie zu den festgelegten Zeiten jeweils in eine Raumskizze ein, welche Kinder sich an welchen Orten allein oder gemeinsam aufhalten. Dazu sind ergänzende Notizen hilfreich, z. B. wenn Sie in der Bauecke vermehrt Konflikte beobachten.

Wie wird die Beobachtung ausgewertet?

Kontakt-Soziogramm

Anhand der notierten Häufigkeiten, mit denen jedes Kind den Kontakt zu den anderen Kindern sucht, ergibt sich aus dem Kontakt-Soziogramm ein Bild über die soziale Aktivität und Beliebtheit einzelner Kinder (Kopiervorlage im Anhang, S. 192). So kann man aus der ersten Durchsicht des Beispiel-Soziogramms bereits erkennen, dass Nina, Marie, Carmen und Cem recht aktiv auf andere Kinder zugehen, Sophia dagegen überhaupt keinen Kontakt zu anderen Kindern der Gruppe aufnimmt. Sie wird auch nur von einem Kind – Marie – zum Spielen aufgesucht. Auch Nina wird lediglich von Marie als Spielpartnerin gewählt. Vor allem Cem, aber auch Marie und Leon sind dagegen beliebte Spielpartner.

Um das Soziogramm noch tiefer gehend auszuwerten, kann man eine Darstellungsform wählen, die die Gruppenstrukturen auch optisch klarer darstellt (siehe S. 134).

Aus dieser Grafik wird deutlich, dass Nina, Marie und Carmen offensichtlich eine Mädchengruppe bilden, die ein hohes gegenseitiges Interesse aneinander zeigt. Vielleicht wirkt diese Dreiergruppe nach außen sehr eingespielt und geschlossen, sodass Sophia sich gar nicht traut, Anschluss zu suchen. Es gibt auch eine Jungengruppe mit zwei Freundespaaren (Cem und Il-

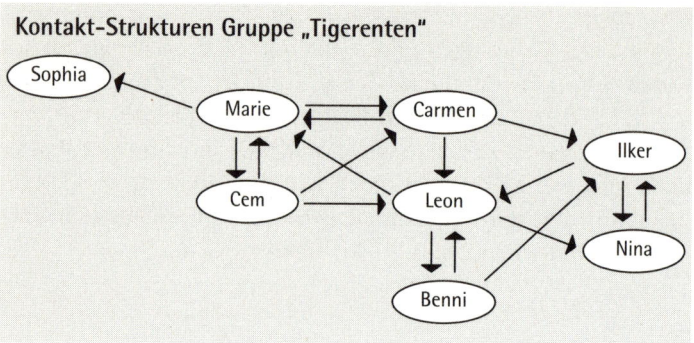

ker; Benni und Leon), die aber auch miteinander verflochten sind. Keiner der Jungen erscheint isoliert. In ihren geschlechtsspezifischen Gruppen scheinen Marie und Cem so etwas wie die Anführer oder Bestimmer zu sein. Oft sind dies Kinder, die sozial besonders kompetent sind und viele Spielideen haben, die sie gemeinsam mit anderen Kindern umsetzen. Über den Kontakt mit sozial kompetenten Kindern wie Marie könnte auch Sophia vielleicht einen Zugang zu anderen Kindern der Gruppe bekommen. Soziogramme können auch Hinweise auf mögliche Probleme in der Gruppenzusammensetzung enthalten. So könnte es sein, dass Sophias Zurückhaltung daran liegt, dass sie keinen altersgleichen Spielpartner in der Gruppe hat.

Spiele-Soziogramm

Das Spiele-Soziogramm kann je nach Fragestellung gezielt für die einzelnen Kinder und ihre Spielpartnerschaften und Spielvorlieben als auch im Hinblick auf die Spielorte und ihre Nutzung ausgewertet werden. Bei der Auswertung nach Kindern und Spielpartnerschaften wird in das Formblatt *Spiele-Soziogramm: Spielpartnerschaften* (Kopiervorlage im Anhang, S. 190) für jeden Beobachtungstag aus der Raumskizze übernommen, welche Kinder miteinander oder jedenfalls in räumlicher Nähe zueinander aktiv waren. In den Summenspalten ergeben sich die Anzahl der Spielkontakte zu anderen Kindern, sowohl insgesamt als auch aufgeschlüsselt nach Geschlecht. Zusätzlich können anhand der Häufigkeiten die bevorzugten Spielpartner eingetragen werden und anhand der Raumskizzen kann vermerkt werden, wo sich das Kind häufig zum Spielen aufhält und wo eher selten oder überhaupt nicht. Diese Auswertung gibt Hinweise darauf, ob ein Kind viele Sozialkontakte im Freispiel hat oder ob es eher für sich allein spielt, und welche Spielpartner und Spielorte es bevorzugt aufsucht.

In das Formblatt *Spiele-Soziogramm: Spielorte* (Kopiervorlage im Anhang, S. 191) wird übertragen, wie viele Kinder sich am jeweiligen Beobachtungstag in bestimmten Spiel- bzw. Funktionsbereichen oder -räumen aufgehalten haben. In der Summe erhält man z. B. einen Überblick darüber, welche Bereiche beliebte „Ballungszentren" sind und ob es auch Orte gibt, die für die Kinder eher uninteressant sind. Auch hier ist eine Auswertung nach Geschlecht sinnvoll, denn so können geschlechtsspezifische Nutzungsstrukturen sichtbar gemacht werden.

Wofür werden die aus der Beobachtung gewonnenen Erkenntnisse eingesetzt?

Der Nutzen von Soziogrammen für die Gestaltung der pädagogischen Praxis ist vielfältig und hängt von den konkreten Informationen ab, die in das Soziogramm eingeflossen sind. So können Kinder, die wenig Kontakt in der Gruppe haben, gezielter unterstützt werden. Anhand der Ergebnisse eines Soziogramms können z. B. auch zukünftige Gruppenzusammensetzungen geplant werden. Beispielsweise kann in der altersgemischten Arbeit überprüft werden, in welchen Alterszusammensetzungen sich Spielgruppen bilden und ob alle Kinder Spielpartner finden. Die Beschäftigung mit den Ergebnissen der Beobachtungen kann dazu führen, über räumliche Veränderungen nachzudenken, um Spielbereiche zu erschließen oder so zu gestalten, dass sie für mehr Kinder attraktiver werden. Vielleicht gibt es nicht deshalb Streit in der Bauecke, weil sich zu viele Kinder dort aufhalten, sondern immer nur dann, wenn sich bestimmte Konstellationen von Kindern dort befinden. Das Soziogramm kann auch anregen, die Zugangs- und Nutzungsmöglichkeiten für Kinder dahingehend zu überdenken, mehr Freiräume zu schaffen. Können die Kinder zu zweit oder zu dritt nach Absprache allein im Waschraum mit Wasser experimentieren? Warum nutzen wir eigentlich den Bewegungsraum nicht häufiger? Können wir den älteren Kindern zutrauen, sich dort alleine aufzuhalten? Warum spielen so wenig Jungen im Rollenspielbereich?

Welche Voraussetzungen sind notwendig, um das Verfahren einzusetzen?

Sie benötigen zunächst einmal Formblätter, um Kontakte bzw. Spielsituationen dokumentieren zu können. Dafür können Sie die im Anhang dieses Buches befindlichen Kopiervorlagen nutzen oder eigene Vorlagen erstellen. Für das Spiele-Soziogramm müssen Sie außerdem Raumskizzen anfertigen und in der entsprechenden Anzahl kopieren.

Wenn Sie ein Kontakt-Soziogramm erstellen möchten, müssen Sie vorab eine Zeit lang die Kinder ihrer Gruppe beobachten und ihre Einschätzung einmalig notieren. Das kann gut alleine durchgeführt werden. Für das Spiele-Soziogramm reicht eine einmalige Dokumentation des Gruppengeschehens nicht aus. Hierfür muss sorgfältig geplant werden, an welchen Tagen und in welchem Zeitraum die vereinbarte Anzahl von Dokumentationen angefertigt werden soll. Das Dokumentieren der Spielsituationen selber dauert nicht länger als jeweils zehn Minuten. In dieser Zeit sollte eine Kollegin als Ansprechpartnerin und Aufsichtsperson zur Verfügung stehen. Für die anschließende Übertragung in die Formblätter und die Auswertung (am besten im Rahmen einer Teambesprechung) muss Zeit außerhalb des Gruppendienstes eingeplant werden.

Wo bekommt man weitere Informationen und Anregungen zum Beobachtungsverfahren?

Die Formblätter für die beiden Soziogramm-Formen: Kontakt-Soziogramm und Spiele-Soziogramm (unterteilt in Spielpartnerschaften und Spielorte) finden Sie als Kopiervorlage in diesem Buch im Anhang auf den Seiten 190 f.

Bei Laewen & Andres (2002) findet sich ein Beispiel, wie ein Kontakt-Soziogramm angefertigt werden kann.

5 Beobachtungskonzepte und Lerngeschichten

Die oben beschriebenen Beobachtungs- und Dokumentationsverfahren beleuchten einzelne Aspekte der Entwicklung und Bildung von Kindern. Wenn Sie sich als Erzieherin bisher nicht mit
systematischer Beobachtung befasst haben, bietet es sich an, zunächst eines dieser Verfahren auszuwählen und es in der praktischen Umsetzung zu erproben. Um jedoch die Lern- und Bildungsgeschichte eines Kindes in seiner Gesamtheit zu erfassen,
bedarf es der Anwendung von umfassenden Beobachtungskonzepten, in denen mehrere Beobachtungsverfahren aufeinander
abgestimmt eingesetzt werden. In Kooperationen zwischen Wissenschaft und Praxis gibt es mittlerweile verschiedene Beispiele,
wie dies gelingen kann. Drei dieser „Beispiele guter Praxis" wollen wir Ihnen vorstellen und unter folgenden Gesichtspunkten
beschreiben:

- Wie sind die Beobachtungskonzepte entstanden?
- Welche Beobachtungs- und Dokumentationsverfahren wer-
  den angewendet?
- Wie werden Kinder und Eltern an der Beobachtung und Do-
  kumentation der Entwicklungs- und Bildungsgeschichte der
  Kinder beteiligt?

5.1 Beobachtung und Dokumentation im Early Excellence Centre „Pen Green" in England

Als Early Excellence Centres wurden 1997 zunächst acht Einrichtungen in England ausgezeichnet, deren Praxis der Verbindung von Elternbildung, Erziehung und Forschung hohen Ansprüchen genügte. Das bekannteste unter ihnen ist das „Pen Green Centre for Under Fives and their Families" in Corby, das von Margaret Whalley gegründet wurde. Seit September 2001 gibt es auch in Berlin das Modellprojekt „Kinder- und Familienzentrum Schillerstraße", das mit dem Pen Green Centre in England kooperiert. Das Pestalozzi-Fröbel-Haus wird die Erfahrungen des Berliner Modells in seine Ausbildungs- und Praxiseinrichtungen einbringen und zur Verbreitung der dort entwickelten Ideen beitragen. Erste Berliner Erfahrungen, Beobachtungsbögen sowie theoretische Beiträge sind in einer Veröffentlichung niedergelegt (Hebenstreit-Müller & Kühnel 2004).

Zwei Prinzipien bilden den Ausgangspunkt für Inhalte und Aktivitäten im Pen Green Centre: Zum einen wird das Kind in seinen Stärken und Kompetenzen wahrgenommen. Man geht davon aus, dass Kinder sich ihr Wissen durch aktives Handeln selbst aufbauen. Um zu erfassen, was und wie die Kinder lernen und sich entwickeln, nimmt die strukturierte Beobachtung der Kinder, die Dokumentation der Beobachtung und die darauf aufbauende Unterstützung und Förderung der Kinder einen hohen Stellenwert im Aufgabenbereich der Erzieherinnen ein. Zum anderen werden die Eltern als Experten ihrer Kinder angesehen und in die Förderung der Kinder direkt mit einbezogen. Eltern werden gebeten, Tagebuch über die Handlungen ihres Kindes zu führen oder Videoaufnahmen herzustellen. Einmal in der Woche setzen sich Erzieherinnen und Eltern zusammen, um ihre Aufzeichnungen über die Kinder im Hinblick auf deren Entwicklung zu diskutieren und zu analysieren. Damit ist ein Feed-back-System installiert, das als „Pen Green Loop" bezeichnet wird.

Im Pen Green Centre in Corby werden drei Wege zur Analyse und Dokumentation kindlicher Handlungen vorgeschlagen. Angewendet wird zum einen das strukturierte Verfahren der Leuvener Engagiertheitsskala (vgl. Kapitel 4.6). Des Weiteren werden im Pen Green Centre relativ offene Beobachtungen durchgeführt, die zur Identifizierung kognitiver Muster dienen, den so genannten „Schemata", mit denen ein Kind beim Aufbau seines Wissens operiert. Die Beobachtung, Dokumentation und Auswertung dieser kognitiven Muster wird im Folgenden beschrieben.

Entdeckung, Dokumentation und Auswertung kindlicher „Schemata"

Um kindliche „Schemata" zu identifizieren und zu dokumentieren, wird im Pen Green Centre folgendes Vorgehen gewählt: Die Eltern werden gebeten, den Erzieherinnen alles zu erzählen, was ihnen zu ihrem Kind einfällt und was es gerne tut. In der Kindertageseinrichtung beobachten und dokumentieren die Erzieherinnen, was das Kind tut, wenn es intensiv spielt. Sich wiederholende kognitive Muster im Verhalten des Kindes („Schemata") werden ebenfalls beobachtet und aufgezeichnet. Aufbauend auf der Identifizierung des jeweils aktuellen kognitiven Musters werden dem Kind im Kindergarten Materialien und Aktivitäten vorgeschlagen, die es in der Erprobung und Erforschung seines aktuellen „Schemas" voranbringen können und seine Erkenntnismöglichkeiten im kreativen, kognitiven, sozialen, motorischen und sprachlichen Bereich erweitern. Damit setzen die Pädagoginnen in ihren Förderangeboten genau da an, wo die Interessen des Kindes liegen. Zudem wird den Eltern ein Zugang eröffnet, das Spielen und die Tätigkeit ihres Kindes als Lernvorgang zu begreifen, denn nicht nur in der Kindertageseinrichtung, sondern auch zu Hause in der Familie werden die kognitiven Muster des Kindes in Tagebüchern und mithilfe von Video dokumentiert.

Insgesamt sind ca. 36 solcher Muster oder „Schemata" entdeckt worden, mit denen Kinder beim Aufbau ihres Wissens operieren. Donata Elschenbroich (2001) beschreibt diejenigen, die am häufigsten beobachtet wurden. Dabei handelt es sich um:

- *die Linie (trajectory),* die z. B. vom Kind gemalt wird, im Spiel hergestellt wird (wenn es beispielsweise Gegenstände vom Hochstuhl fallen lässt) oder beobachtet wird (wenn das Kind zuschaut, wenn Wasser aus dem Hahn fließt);
- *das Einwickeln (enveloping),* wenn das Kind z. B. Gegenstände verpackt oder sich selbst im Schlafsack versteckt;
- *die Rotation,* wenn sich Kinder beispielsweise intensiv für den Ventilator oder die Waschmaschine interessieren;
- *das Transportieren,* bei dem das Kind Möbelstücke verrückt oder Busfahrer spielt, der andere Kinder von einem Ort zum anderen bringt;
- *das Verbinden (connecting),* bei dem das Kind sich für Verschlüsse jeglicher Art interessiert oder Erwachsene an einen Baum fesselt.

Die Beobachtung und Dokumentation der kindlichen „Schemata" erfolgt quasi nebenbei in Alltagssituationen. Neben der schriftlichen Dokumentation von Aktivitäten und Äußerungen der Kinder werden auch Fotos und Videoaufzeichnungen genutzt. Für jedes Kind wird ein so genanntes Dossier angelegt, in dem festgehalten wird, was das Kind interessiert und womit es sich intensiv beschäftigt.

Die Interpretation der Beobachtungen führen Erzieherinnen und Eltern nicht allein durch, sondern im Austausch miteinander und mit Unterstützung von wissenschaftlichen Experten und Forschern. Zum Einordnen der kognitiven Muster ist entwicklungspsychologischer Sachverstand hilfreich. Andererseits sind Erzieherinnen offensichtlich durchaus in der Lage, kognitive Muster bei Kindern aufzuspüren und in pädagogischen

Angeboten aufzugreifen, wie die Erfahrungen aus England zeigen. Wieder einmal geht es in erster Linie um einen veränderten Blick auf das Kind und seine Aktivitäten und darum, den Sinn, der für das Kind dahinter stecken könnte, zu entdecken. Wie im Pen Green Centre aus der Identifikation eines „Schemas" ein pädagogisches Angebot entsteht, soll folgendes Beispiel illustrieren.

Die Eltern von Marvin beschreiben ihren Sohn folgendermaßen: Marvin ist sehr neugierig. Er liebt Kameras und nimmt ständig Dinge auseinander. Er nimmt häufig die Autoschlüssel seiner Mutter mit in den Kindergarten. Die Beobachtung im Kindergarten ergab Folgendes: Marvin ist sehr interessiert, wenn Erwachsene videografieren. Er zeigt ein ganzes Bündel an „Schemata", insbesondere Transportieren. Daraus resultieren folgende pädagogische Angebote und Förderungsbereiche: Marvin bekommt eine Wegwerfkamera, mit der er zu Hause fotografieren kann. Als die Fotos entwickelt sind, zeigt er sie den Erwachsenen und den Kindern im Kindergarten. Außerdem wird er zu Hause und im Kindergarten häufiger gebeten, mitzuhelfen, wenn etwas transportiert werden soll, z. B. Unterlagen in das Büro der Leiterin gebracht werden müssen oder Bastelmaterial aus dem Keller geholt wird. Im Kindergarten „schreiben" die Kinder „Briefe", die nach Hause geschickt werden. Die Erzieherinnen sprechen mit den Kindern über den Weg der Briefe und malen dazu ein großes gemeinsames Bild. Das alles ermöglicht Marvin:
- *Das Schema des Transportierens einzusetzen, sich damit zu beschäftigen (kognitive Entwicklung),*
- *Kontakte zu knüpfen (soziale Entwicklung),*
- *über seine Erfahrungen zu sprechen (Sprachentwicklung),*
- *Fotos zu zählen (Mathematik),*
- *Technik zu benutzen und sich über das Ergebnis bewusst zu sein (Wissen und Verständnis über die Welt),*
- *Zusammenhänge zu begreifen (Umgebungsbewusstsein),*

– *geeignete Werkzeuge mit zunehmender Geschicklichkeit zu benutzen (physikalische Entwicklung)*,
– *Mittel zu gebrauchen, die es ermöglichen, Ideen auszudrücken (kreative Entwicklung)*.

Um wie in Pen Green kindliche Schemata zu identifizieren, gemeinsam mit Eltern auszuwerten und darauf aufbauend pädagogische Angebote zu entwickeln, bedarf es festgelegter Zeiten und entsprechender räumlicher Gelegenheiten, die die Diskussion zwischen den Erwachsenen in einem angemessenen Rahmen ermöglichen.

5.2 Die Beschreibung von „Learning Stories" in Neuseeland

In dem von Margaret Carr (2001) und ihren Mitarbeitern in Neuseeland entwickelten Konzept wird Lernen als ein Prozess des zunehmenden Beteiligtseins an sozialen Praktiken und Aktivitäten verstanden, der Verantwortung und Beharrlichkeit beinhaltet. Während ihrer Lernprozesse erwerben Kinder situationsbezogene Lernstrategien, und die Motivation etwas zu lernen steigt. Ergebnis dieser Lernprozesse sind Lerndispositionen.

Carr unterscheidet fünf Bereiche von Lerndispositionen, die aufeinander aufbauen und deren Entwicklung bei Kindern dokumentiert, ausgewertet und gefördert werden können. Bei diesen Lerndispositionen handelt es sich um: Sich interessieren (taking an interest), engagiert sein (being involved), trotz Schwierigkeiten dabeibleiben (persisting with difficulty or certainity), sich mit anderen austauschen (communicating with others) und Verantwortung übernehmen (taking responsibility). Ein Kind interessiert sich beispielsweise für Puzzles. Während es versucht, ein Puzzle zusammenzusetzen, ist es ganz bei der Sache, und zwar auch dann, wenn es ihm nicht sofort gelingt. Später arbeitet das Kind beim Zusammensetzen schwierigerer Puzzles mit einem Freund zusammen und sie tauschen sich darüber aus, wo welche Teile hingehören. Ist das Kind schließlich ein Experte in Sachen Puzzle, hilft es in geschickter Weise jüngeren Kindern und unterstützt sie beim Puzzeln. Die Lerndispositionen stellen also eine Abfolge dar und bauen aufeinander auf.

In Anlehnung an das Neuseeländische Konzept wird derzeit am Deutschen Jugendinstitut unter der Leitung von Hans Rudolf Leu ein Modellprojekt mit dem Titel „Bildungs- und Lerngeschichten als Instrument zur Konkretisierung und Umsetzung des Bildungsauftrags im Elementarbereich" durchgeführt (http://www.dji.de).

Wenn Erzieherinnen Lerndispositionen von Kindern einschätzen und beurteilen wollen, schlägt die Neuseeländerin Carr vor, folgende Richtlinien zu beachten:

- Bei der Einschätzung sollte die Erzieherin anerkennen, dass Entwicklung nicht vorhersagbar ist. Deshalb ist es notwendig, immer wieder Fallstudien zu betreiben, um sich erneut ein Bild zu machen.

- Bei der Einschätzung sollte die Erzieherin die Sichtweise der Kinder einholen und berücksichtigen. Was die Kinder selbst an Aussagen in Bild und Text produzieren, sollte Berücksichtigung finden.

- Ein beschreibender Zugang reflektiert das Lernen der Kinder besser als Leistungsindikatoren.

- Gemeinsame Interpretationen der Beobachtungen von Erzieherinnen, Eltern und Kindern sind hilfreich.

- Bei vielen Aktivitäten der Kinder bedarf es nicht einer Bewertung durch die Erzieherin. Die Aktivität selbst ermöglicht es dem Kind, über Vollendung und Erfolg zu entscheiden.

- Die Einschätzung sollte dazu beitragen, eine Lernumgebung zu gestalten, die es erlaubt, die Lerndispositionen der Kinder zu unterstützen und zu erweitern.

- Die Einschätzung sollte dazu beitragen, die Kindertageseinrichtung zu einer Lern- und Bildungsstätte für Kinder werden zu lassen.
- Der Prozess der Einschätzung sollte auch für viel beschäftigte
  Erzieherinnen durchführbar sein. Dazu ist es zum einen
  wichtig, dass Erzieherinnen die Beobachtung und Dokumentation dessen, was die Kinder tun, als sinnvoll, wichtig und
  interessant erachten. Zum anderen müssen Erzieherinnen
  sich im Team absprechen, wie Zeiten für die Beobachtung
  der Kinder, die Dokumentation und die Auswertung gefunden werden können.
- Die Einschätzung sollte von Praktikern auch genutzt werden.
  Eine Beobachtung sollte nicht unanalysiert und ungebraucht
  liegen bleiben, sondern über die praktizierten Lern- und Lehr-
  prozesse informieren sowie zu deren Verbesserung beitragen.

Um dies alles zu gewährleisten, schlägt Carr die Einschätzung
kindlicher Lernprozesse in Form von Lerngeschichten (learning
stories) vor. Bei der Dokumentation einer Lerngeschichte handelt es sich zunächst um Beobachtungen, die in Alltagssituationen stattfinden, sozusagen um eine Serie qualitativer „Schnapp-
schüsse" einzelner Kinder. Diese können einen oder mehrere der
fünf Bereiche von Lerndispositionen abbilden. Die Beobachtungen können beispielsweise aufzeigen, dass sich ein Kind für vieles interessiert, aber bei keiner seiner Aktivitäten ganz bei der
Sache ist, oder sie können zeigen, ob ein Kind auch bei Schwierigkeiten dabeibleibt oder eher schnell aufgibt, wenn es auf Hindernisse stößt.

Eine Anzahl solcher Lerngeschichten eines Kindes wird über
einen bestimmten Zeitraum erfasst und als sein Lernmuster betrachtet. Die Geschichten der Kinder werden in einem Ordner
(Portfolio) gesammelt. Dieser Ordner kann auch Fotografien,
Fotokopien der Arbeiten der Kinder oder Kommentare der Kinder enthalten (vgl. auch Kapitel 6.3).

Im Umgang mit den Lerngeschichten bzw. zur Analyse der Beobachtungen in den Alltagssituationen schlägt Carr ein Vorgehen im Sinne der „four D's" vor. Bei den „vier D's" handelt es sich um die Beschreibung (describing), die Diskussion (discussing), die Dokumentation (documenting) und die Entscheidung (deciding). Um Erzieherinnen einen Zugang zu dieser Methode zu ermöglichen, hat Carr (1998) verschiedene Videos und Anleitungen für die Durchführung von Workshops zusammengestellt. Die wichtigste Voraussetzung, um im Sinne von Carr mithilfe von Lerngeschichten die Bildungs- und Lernprozesse von Kindern zu dokumentieren, ist ein Verständnis des von ihr beschriebenen Konstrukts der Lerndispositionen.

Die Beschreibung von Lerngeschichten (describing)

Für die Beschreibung schlägt Carr vor, sich an den fünf Bereichen von Lerndispositionen zu orientieren. Im Vordergrund der Beschreibung stehen die Interessen, die Aktivitäten und die Handlungen, die das Kind selbst ausdrückt. Berücksichtigt wird in der Beschreibung aber auch, vor welchem Hintergrund die Aktivität des Kindes stattfindet, z. B. hinsichtlich der räumlichen und materiellen Umgebung, in der das Kind handelt oder der Ziele und Ideen, die die Erzieherinnen mit einem Angebot verbinden. Wenn es für die Förderung der Interessen eines Kindes relevant erscheint, wird auch aufgeführt, welches Wissen und welche Fähigkeiten notwendig sind, um diesem Interesse nachzugehen.

Für die Beschreibung der fünf Bereiche von Lerndispositionen gibt Carr Hinweise, worauf die Erzieherin ihre Aufmerksamkeit richten kann.

- *Lerndisposition „sich interessieren":* Die Erzieherin versucht Themen oder Aktivitäten zu entdecken, die die Kinder interessieren. Sie benennt z. B. Dinge und Themen, für die sich die Kinder interessieren, notiert Hinweise zu individuellen Unterschieden im Umgang der Kinder mit bestimmten Dingen oder Themen und beschreibt, wie lange sich ein Kind bei einer bestimmten Aktivität aufhält.

- *Lerndisposition „engagiert sein"*: Die Erzieherin beobachtet, wie Kinder sich für ihr Interesse engagieren. Sie beschreibt z. B. den Umgang der Kinder mit Kleidung, Spielzeug oder Ritualen, die ihnen Sicherheit vermitteln. Die Charakteristiken jener Aktivitäten und Personen werden beschrieben, bei denen Kinder sehr engagiert wirken. Das Konzept der Engagiertheit geht auf die Leuvener Engagiertheitsskala (vgl. Kapitel 4.6) zurück.

- *Lerndisposition „trotz Schwierigkeiten dabeibleiben"*: Die Erzieherin beobachtet die Schwierigkeiten, die den Kindern begegnen. Sie beschreibt die Wege, wie Kinder mit der Herausforderung umgehen und womit die Kinder unter Berücksichtigung ihrer Interessen und ihrer Engagiertheit herausgefordert werden könnten.

- *Lerndisposition „sich mit anderen austauschen"*: Die Erzieherin ist aufmerksam auf die „hundert Sprachen" der Kinder. Sie beschreibt z. B. Situationen, die den Kindern einen bedeutungsvollen und kreativen Zugang zu Sprache und zu Kommunikation eröffnen. Hier finden sich Ansätze der Reggio-Pädagogik wieder.

- *Lerndisposition „Verantwortung übernehmen"*: Die Erzieherin beschreibt Situationen, in denen Kinder Verantwortung übernehmen, wenn sie mit der Erzieherin oder mit anderen Kindern an einer gemeinsamen Aufgabe arbeiten, wenn sie um das Wohlergehen eines anderen Kindes besorgt sind oder in denen sie sich darum kümmern, das Zusammenleben in der Einrichtung zu organisieren.

Die Diskussion über Lerngeschichten (discussing)

Die Diskussion über Lerngeschichten im Erzieherinnenteam, mit den Kindern und mit den Eltern hat im Wesentlichen folgende Ziele:

- Sie soll helfen, Übereinstimmung über das Konstrukt der „Lerndispositionen" zu erzielen.
- Sie soll den Kindern den Wert vermitteln, der ihrem Lernen beigemessen wird.
- Sie soll die Sichtweise der Kinder bezüglich ihres Lernens einholen.
- Sie soll die Eltern einbeziehen.
- Sie soll helfen, Entscheidungen darüber zu treffen, was als nächstes getan werden sollte, wie die Lernumgebung beschaffen sein muss, um dem Kind ein Voranschreiten in seiner Entwicklung zu ermöglichen und welche individuelle Unterstützung oder Herausforderung das Kind braucht.

Die Dokumentation von Lerngeschichten (documenting)

Die durch Beobachtung gewonnenen Beschreibungen sowie deren Diskussion sollten dokumentiert werden, um den Blick für wichtige Formen kindlichen Lernens zu schärfen und um die Einschätzung des kindlichen Lernens wirkungsvoll zu unterstützen. Für jedes Kind sollte daher ein Ordner (Portfolio, vgl. Kapitel 6.3) angelegt werden, in dem diese Dokumente gesammelt werden. Für die Art und Weise der Dokumentation werden von Carr verschiedene Formblätter vorgeschlagen, die jedoch alle die fünf Bereiche der Lerndispositionen getrennt voneinander behandeln. Darüber hinaus können die Formblätter eine Kurzzusammenfassung enthalten, die beschreibt, was die beobachtende Erzieherin als Schlüsselpunkt dieser Geschichte ansieht. Die Frage, an der sich die Erzieherin orientieren kann, lautet:

„Was hat das Kind hier meiner Ansicht nach gelernt?" Ebenso kann in den Formblättern ein Feld vorgesehen werden, in dem die Erzieherin notieren kann, was sie als nächstes tun möchte. Hier lauten die Fragen: „Wie kann ich die Interessen, Fähigkeiten, Strategien, Dispositionen, Geschichten des Kindes so fördern, dass sie noch komplexer werden und dass sie auch in anderen Bereichen und Aktivitäten zum Einsatz gebracht werden?" und „Wie sollte der nächste Schritt bei diesem Kind in dieser Lerngeschichte angelegt sein?"

Zusätzlich können in den Ordnern folgende Unterlagen aufbewahrt werden:

- Arbeiten der Kinder, versehen mit Anmerkungen über deren Bedeutung.
- Von den Kindern diktierte Kommentare.
- Fotografien von den Arbeiten der Kinder, versehen mit deren Kommentaren.
- Wörtlich transkribierte Verhandlungen zwischen Kindern, die als Fotokopien in den Ordner jedes der beteiligten Kinder kommen.
- Fotokopien der Fotos mit den Arbeiten der Kinder, damit die Kinder mit ihren Eltern darüber reden können.

Damit werden Kinder als aktive Teilnehmer in den Prozess der Dokumentation einbezogen und die Dokumente beinhalten eine Rückmeldung an die Eltern, was ihr Kind in der Kindertageseinrichtung lernt und ob es ihm dabei gut geht.

Die pädagogische Planung auf der Basis von Lerngeschichten (deciding)

Carr bezeichnet die Entscheidung darüber, welche Herausforderung für das Kind demnächst ansteht und was ein Kind als nächstes für seinen individuellen Lernprozess braucht, als Schlüsselprozess in der Erziehung. Dieser Prozess beinhaltet sowohl geplante und spontane Antworten auf die Initiativen der Kinder als auch Initiativen und Interventionen der Erzieherin, durch die sie dem Kind Möglichkeiten eröffnet, in seiner Entwicklung voranzuschreiten. Als Basis für die spontanen oder geplanten Entscheidungen als Antwort auf die Aktivitäten der Kinder kann sich die Erzieherin folgende Fragen stellen, die die Relevanz ihrer Intervention für die Entwicklung des Kindes berücksichtigt:

- Ist diese Lerngeschichte des Kindes häufiger zu beobachten?
- Wird das Interesse, die Fähigkeit, die Strategie, die Disposition, die Geschichte des Kindes komplexer?
- Taucht das Interesse, die Fähigkeit, die Strategie, die Disposition, die Geschichte des Kindes bei unterschiedlichen Aktivitäten auf?
- Bewegen sich die Handlungen des Kindes entlang den Sequenzen des Konzepts der Lerngeschichten, vom Interesse zur Engagiertheit, von der Engagiertheit zum Umgang mit Schwierigkeiten, vom Umgang mit Schwierigkeiten zum Austausch mit anderen, vom Austausch mit anderen zur Übernahme von Verantwortung?

Eine Erzieherin beobachtet, dass ein 15 Monate altes Kind sich für das Puppengeschirr interessiert und täglich damit hantiert. Eines Tages sieht sie, wie das Kind so tut, als ob es mit einem Löffel Essen von einem Puppenteller kratzt und sich in den Mund steckt. Kurz darauf sieht sie, wie das gleiche Kind in der Bauecke einen Baustein über den Boden schiebt und dabei brummende Geräusche macht. Offensichtlich erkundet dieses Kind nicht mehr nur Material, sondern verwendet es im Spiel symbolisch: Es tut so, als ob es äße und es tut so, als ob der Baustein ein Auto wäre. Die Erzieherin beobachtet weiter: im parallelen Spiel tritt das „So-tun-als-ob" ebenfalls auf, das Kind beobachtet andere Kinder bei ähnlichen Tätigkeiten und imitiert sie. Das Kind hat das Symbolspiel für sich entdeckt. Nun braucht es Materialien, die es zum „So-tun-als-ob" anregen, und es braucht andere Kinder, um gemeinsam mit ihnen symbolisch zu spielen. Die Erzieherin beschließt außerdem, das symbolische Spiel des Kindes verbal zu begleiten, wenn sich Gelegenheiten bieten.

Um für weitere Anregungen der Lerndispositionen einzelner Kinder oder für die Gestaltung der Lernumgebung zu planen, sollte die Erzieherin folgende Aspekte berücksichtigen:

- *Interessant und authentisch:* Wenn eine Anregung in einer Beziehung zum Leben der Kinder und der Gemeinschaft steht, in der sie sich bewegen, ist die Chance größer, dass die Kinder daran Interesse zeigen.

- *Transparenz:* Wenn die Intentionen und Bedeutungen der angebotenen Aktivitäten leicht verständlich sind, ist es den Kindern eher möglich, sich auf ihrem eigenen Niveau über eine lange Zeit hinweg zu engagieren.

- *Herausforderung:* Wenn die Kinder ermutigt werden, sich mit Herausforderungen und Schwierigkeiten auseinander zu setzen, gelingt es ihnen eher, mit verschiedenen Problemen und ihrer möglichen Lösung vertraut zu werden und sie haben die Möglichkeit, frühere Probleme erneut zu bearbeiten.

- *Vielfältigkeit:* Kinder lernen leichter, wenn sie ihre speziellen Talente und „Sprachen" einbringen und ausweiten können. Die Möglichkeiten der Auseinandersetzung mit einem Thema im sozialen Zusammenhang sollte deshalb möglichst vielfältig sein und nicht nur über das Verbalisieren geschehen.

- *Mitarbeit:* Wenn die Kinder mitarbeiten und miteinander Ideen entwickeln können, ist die Chance, dass sie Verantwortung für das Ergebnis ihrer Anstrengung übernehmen, größer.

Die Nutzung von Lerngeschichten für die Einschätzung und Beschreibung kindlicher Entwicklungsprozesse eröffnet Erzieherinnen vielfältige und komplexe Planungs- und Umsetzungsmöglichkeiten, um Kinder in ihrer Entwicklung zu unterstützen und herauszufordern. Die Planung kann sich sowohl auf die Förderung der Lerndispositionen beziehen als auch auf die Gestaltung einer anregenden Lernumgebung. Sie berücksichtigt dabei jedoch immer den Standpunkt bzw. die Perspektive der Kinder und erfolgt unter der Annahme, dass es sich bei den Kindern um „learner-in-action" handelt, d. h. sie ist zu jeder Zeit flexibel und veränderbar.

5.3 Beobachtung und Dokumentation im 10-Stufen-Projekt Bildung

Seit Ende 2002 erproben 30 Kindertageseinrichtungen im Land Brandenburg und 38 Einrichtungen in Baden-Württemberg im Rahmen des 10-Stufen-Projekts-Bildung neue Formen der Umsetzung des Bildungs- und Erziehungsauftrages. Angeleitet und begleitet wird dieses Projekt vom Institut für angewandte Sozialisationsforschung (infans e.V.) unter der Leitung von Hans-Joachim Laewen und Beate Andres. Das Institut stellt den beteiligten Kindertageseinrichtungen zehn Bildungsmodule bereit, die eine Neubegründung des pädagogischen Handelns in jeder einzelnen Einrichtung ermöglichen, unterstützen und herausfordern sollen.

Um Erzieherinnen einen Einstieg zu ermöglichen, über die Beobachtung von Kindern zu pädagogischen Angeboten zu gelangen, die die Bildungsfähigkeit der Kinder gezielt unterstützen und fördern, liegt das Vorgehen im Projekt zunächst darin, den beteiligten Erzieherinnen Grundwissen über die frühen Bildungsprozesse von Kindern zu vermitteln. Die Arbeit in den Kindertageseinrichtungen beginnt damit, inhaltlich konkretisierte Erziehungsziele zu erarbeiten, die sowohl gesetzliche Vorgaben und Trägerkonzepte als auch die gesellschaftliche Diskussion zu den Themen „Bildung und Erziehung" einbeziehen. Aus den Erziehungszielen ergeben sich Themen, die den Kindern in

Modul 1: Erziehungsziele klären. Was wollen *wir* tun und was ist unser Auftrag?

Modul 2: *Themen zumuten.* Wie können wir unsere Ziele in das pädagogische Geschehen einbringen?

Modul 3: *Erzieher/innen als Forscher/innen.* Was können wir tun, um jedes Kind besser kennen zu lernen?

Modul 4: *Themen beantworten.* Wie können wir mit den Kindern über ihre Bildungsthemen „ins Gespräch kommen"?

Modul 5: *Dokumentieren.* Wie werden die Bildungswege der einzelnen Kinder und der pädagogische Prozess dokumentiert?

Modul 6: *Gemeinsam denken im Team.* Wie können wir die gesammelten Informationen auswerten und zum Bestandteil unserer pädagogischen Arbeit machen?

Modul 7: *Der Dialog mit den Eltern.* Wie können wir mit den Eltern kooperieren, um die Bildungsprozesse der Kinder fundiert unterstützen zu können?

Modul 8: *Sich bilden oder die Qualifizierung des Personals.* Was brauche ich an Kenntnissen und Fähigkeiten für meinen eigenen Bildungsprozess? Welche Kenntnisse brauchen wir als Team einer Kindertagesstätte für die Weiterentwicklung unserer Bildungsarbeit?

Modul 9: *Kooperation im Gemeinwesen aufbauen.* Wer zieht mit uns an einem Strang?

Modul 10: *Erreichtes prüfen – Qualitätsmessung und Qualitätsentwicklung.* Was haben wir erreicht? Was müssen wir noch tun?

(http://www.infans.net)

der Einrichtung zugemutet werden sollen, weil sie als relevant für die kindliche Bildung erkannt worden sind. Weiterhin wird eine „Ist-Analyse" durchgeführt, bei der die Erzieherinnen die Ausgangssituation in den Räumen ihrer Kindertagesstätte sowie das Materialangebot überprüfen. Dabei geht es auch um die Frage, was den Kindern in den Räumen angeboten werden muss, um ihnen die handelnde Auseinandersetzung mit der Umwelt in einer Art und Weise zu ermöglichen, die den Erziehungszielen entspricht. Daran schließen sich intensive Übungen in der Beobachtung von Kindern an, für die ein breites Instrumentarium zur Verfügung gestellt wird, sowie eine Einführung in die Dokumentation von kindlichen Bildungsprozessen und Überlegungen zur Zusammenarbeit mit den Eltern, unter anderem, um Eltern durch Beobachtungsaufgaben in ihrer Erziehungskompetenz zu stärken.

Im Verlauf des Projekts und in der Umsetzung der zehn Module werden die beteiligten Teams aus den Kindertageseinrichtungen von Beraterinnen ihrer Landkreise unterstützt und begleitet. In regionalen Arbeitskreisen, die von einer Praxisberaterin moderiert werden, haben die Erzieherinnen die Gelegenheit, miteinander ins Gespräch zu kommen und über Schwierigkeiten, Fragen und Erfolge der Projektarbeit zu diskutieren. Die Praxisberaterinnen wiederum kommen auf Fachkonferenzen mit der Projektleitung zusammen, um sich über den Fortgang der Arbeit in den einzelnen Einrichtungen und mögliche Unterstützungsbedarfe der Erzieherinnen auszutauschen.

Ziel dieses Konzeptes ist es, ein individuelles Bildungscurriculum für jedes Kind der Einrichtung zu entwickeln. Dabei spielt insbesondere die Beobachtung der Bildungsprozesse eine entscheidende Rolle. Um jedem Kind gerecht werden zu können, muss die Erzieherin zunächst die Bildungsthemen der einzelnen Kinder, ihre Kompetenzen und ihre besondere Art und Weise, die Welt zu verstehen, erkennen. Das von infans entwickelte Beobachtungsverfahren „Beobachtung und fachlicher Diskurs zu den Themen der Kinder" (vgl. Kapitel 4.7) nimmt dabei die zentrale Rolle ein. Jede Erzieherin nutzt dieses Verfahren, um jeden Tag fünf Minuten zu beobachten. Die Aufzeichnungen auf den dazugehörigen Beobachtungsbögen sind Gegenstand der wöchentlich stattfindenden Besprechungen im Team, bei denen im fachlichen Diskurs Hypothesen über die Bildungsthemen der Kinder entwickelt und Schlüsse für das pädagogische Handeln diskutiert werden. Darüber hinaus werden in den Einrichtungen des 10-Stufen-Projekts-Bildung folgende Beobachtungsverfahren genutzt, um ein differenziertes und komplexes Bild über die Entwicklung und Bildungsprozesse jedes einzelnen Kindes zu erhalten:

- Formblätter, auf denen die bevorzugten Interessen und Freunde des Kindes festgehalten werden,
- das Beobachtungsverfahren zu den „Sieben Intelligenzen" (vgl. Kapitel 4.3), um aktuelle Bildungsinteressen des Kindes zu identifizieren,
- das Soziogramm (vgl. Kapitel 4.8), verbunden mit Fragen zur sozialen Einbindung des Kindes,
- das Beobachtungsverfahren zu den „Grenzsteinen der Entwicklung" (vgl. Kapitel 4.2) zur systematischen Beobachtung im Hinblick auf Anzeichen von Entwicklungsverzögerungen.

Gesammelt werden diese Beobachtung in einem so genannten „Portfolio", einem Ordner, der für jedes Kind angelegt wird (vgl. Kapitel 6.3). In diesem Ordner befinden sich auch anekdotische Geschichten, Fotos, Produkte der Kinder und Geschichten aus den Familien. Damit dient das Portfolio der systematischen Dokumentation der Bildungsgeschichte jedes einzelnen Kindes, auf deren Basis die Bildungsprozesse der Kinder begleitet und herausgefordert werden.

In einem Beispiel beschreiben zwei Projektmitarbeiterinnen, wie es einer Erzieherin gelungen ist, einem Kind auf der Basis seiner Kompetenzen einen Zugang zu einem Bildungsthema zu eröffnen, für das es sich bisher wenig interessierte:

„In einer Einrichtung in Brandenburg gab es ein Kind, das Schwierigkeiten mit dem Erkennen von Farben hatte und kein Interesse daran hatte, Dinge aufzuzeichnen. Statt mit diesem Kind ein Förderprogramm, bei dem es die verschiedenen Farben hätte benennen müssen, zu absolvieren, entschied sich die Erzieherin für einen

anderen Weg. Die Kollegin wusste, dass das Kind eine Leidenschaft für Flugzeuge hatte und lud es ein, gemeinsam mit ihr zu malen. Auf diese Weise entstand ein Flugzeug mit blauen Flügeln, einem roten Lenkrad etc. und das Kind zeigte drüber hinaus auch noch Interesse, Details wie den Piloten zu malen.“

6 Dokumentationsformen

Das Beobachten der Kinder ist die eine Seite der Medaille, die andere Seite ist die Dokumentation dieser Beobachtungen. Wir haben bereits mehrfach darauf hingewiesen, dass eine solche Dokumentation unerlässlich ist. Ohne die Dokumentation laufen Sie Gefahr, einfach zu schnell zu vergessen, was Sie denn nun wirklich gesehen haben, oder Wahrgenommenes vermischt sich zu schnell mit Interpretation und Deutung. Die fachliche Reflexion mit Kolleginnen und die Entwicklung von pädagogischen Angeboten, die auf den Beobachtungen aufbauen, werden dann schwierig bis unmöglich. Auch Entwicklungsschritte eines Kindes oder eine Veränderung der Themen, mit denen es sich beschäftigt, sind ohne eine systematische Dokumentation nicht immer nachzuvollziehen. Ein zweijähriges Kind, das vor einem halben Jahr viel Spaß am Treppensteigen hatte, weil es dadurch seine Bewegungskompetenz erweitern konnte, beherrscht nun vielleicht das Erklimmen beziehungsweise Hinabsteigen der Treppe. Sich weiterhin viel Zeit mit diesem Kind zu lassen, wenn es sich im Treppenhaus der Kindertageseinrichtung befindet, bringt keinen Sinn mehr. Vielleicht genießt das Kind die Zeit im Treppenhaus nach wie vor, aber nicht etwa deshalb, weil es seine Bewegungskompetenz erweitern kann, sondern weil es hier die ungestörte Aufmerksamkeit der Erzieherin besitzt. Diese Aufmerksamkeit kann die Erzieherin dem Kind nun jedoch auch in anderen Situationen zuteil werden lassen, in denen es seine aktuellen Bildungsthemen bearbeitet.

Um die eigene pädagogische Arbeit und die individuellen Angebote, die auf Grund der Beobachtungen entwickelt wurden, zu überprüfen, bietet es sich an, auch diese in die Dokumentation aufzunehmen. Zum einen wird dadurch deutlich, auf Grund welcher Beobachtungen und Einschätzungen Sie welche pädagogischen Angebote gemacht haben. Zum anderen besteht die Möglichkeit, zu reflektieren, ob die pädagogischen Angebote tatsächlich das aktuelle Bildungsinteresse des Kindes treffen oder ob das Beobachtete nochmals überdacht werden muss.

Eine Erzieherin notiert: „Carlos (2 Jahre) holt sich immer wieder die bunten Bausteine aus dem Regal und kann dann stundenlang damit spielen. Ich denke, er beschäftigt sich gerade damit, wie man Dinge aufeinander schichten kann, sodass sie nicht umfallen. Leider haben wir nur sehr wenig Bausteine. Morgen werde ich mir die braunen Holzbausteine aus der Nachbargruppe leihen, damit Carlos mehr Material zur Verfügung hat." Am nächsten Tag spielt Carlos tatsächlich wieder mit den Bausteinen, die geliehenen Bausteine beachtet er jedoch gar nicht. Die Erzieherin schaut nochmals hin und entdeckt Folgendes: „Carlos baut gar nicht mit den Bausteinen, sondern sortiert sie nach Farben und legt alle Bausteine, die die gleiche Farbe haben, in eine Reihe." Offensichtlich ist das Bildungsthema von Carlos eher die Mathematik (Reihenbildung) als die Statik.

Für alle Beobachtungsverfahren, die wir Ihnen im Kapitel 4 vorgestellt haben, gibt es Einschätz- oder Beobachtungsbögen, die eine systematische Dokumentation der Beobachtung ermöglichen. Beobachtungen werden Sie jedoch auch dann machen, wenn Sie eigentlich keine Beobachtungszeit eingeplant hatten oder Sie nutzen Fotoapparat oder Videokamera für Ihre Aufzeichnungen. In solchen Fällen können Sie die diversen Einschätz- und Beobachtungsbögen zunächst nicht als Hilfestellung für die Dokumentation und Analyse Ihrer Beobachtungen verwenden. Dennoch sollten auch spontane Beobachtungen oder Foto- und Videobeobachtungen nicht undokumentiert beziehungsweise unanalysiert bleiben. Im Kapitel 6.1 geben wir einige

Hinweise darauf, was bei der Dokumentation und Analyse spontaner Beobachtungen zu beachten ist. Natürlich gehören diese spontanen Beobachtungen ebenso wie die geplanten Beobachtungen zur Lern- und Bildungsgeschichte eines Kindes. Kapitel 6.2 beschäftigt sich mit den Chancen, die die Dokumentation mithilfe von Fotoapparat und Videokamera bietet und beschreibt beachtenswerte Punkte beim Aufzeichnen und bei der Auswertung. Kapitel 6.3 gibt Anregungen dazu, wie alle Beobachtungen, Fotos, Geschichten und Produkte der Kinder systematisch in Form der Portfolio-Dokumentation zusammengetragen und aufbewahrt werden können.

6.1 Dokumentation und Analyse spontaner Beobachtungen

Je mehr Sie sich mit der Beobachtung und der darauf aufbauenden Unterstützung und Herausforderung der kindlichen Bildungsprozesse beschäftigen, desto häufiger werden Sie in Situationen kommen, in denen Sie sehr bewusst wahrnehmen, was die Kinder tun, ohne dass Sie diese Beobachtung in Ihren Arbeitsalltag eingeplant hätten. Zu diesen spontanen Beobachtungen gehört beispielsweise jene, die die Erzieherin Anja gemacht hat (siehe unser Beispiel in Kapitel 1), als sie die sich prügelnden Jungen im Sandkasten wahrnahm. Auch können Situationen entstehen, in denen Sie mit Kindern ins Gespräch kommen und dabei etwas über deren Kompetenzen, Entwicklungsschritte oder Themen erfahren. Hier wäre es eher unangemessen und für das Kind unter Umständen irritierend, wenn Sie das Gespräch unterbrechen, sich einen Beobachtungsbogen holen und aufschreiben, was das Kind sagt. Ebenso ist eine unmittelbare schriftliche Dokumentation von Situationen nicht möglich, wenn Sie mithilfe eines Fotoapparats oder einer Videokamera einfangen, was die Kinder tun. Dennoch sollten auch jene Beobachtungen in schriftlicher Form festgehalten werden, die nicht mit Einschätzbögen dokumentiert werden können. Nur mithilfe der schriftlichen Dokumentation ist es möglich, Beobachtungen genau zu erinnern und sie möglichst genau an Kolleginnen oder Eltern weiterzugeben. Ebenso kann eine differenzierte Analyse von Beobachtungen im Team nur dann stattfinden, wenn es Aufzeichnungen über das Wahrgenommene gibt, die es ermöglichen, eine Situation aus verschiedenen Blickwinkeln zu beleuchten.

Dokumentation und Analyse von ungeplanten Beobachtungen

Bereits in Kapitel 3.3 haben wir darauf aufmerksam gemacht, dass die Beschreibung von Beobachtungen zu allgemein oder zu technisch ausfallen kann. Gerade bei ungeplanten Beobachtungen, die im Nachhinein aufgezeichnet werden müssen, ist diese Gefahr besonders groß. Sätze wie „Lukas und Benjamin haben sich schon wieder heftig gestritten" oder „Lukas ging auf Benjamin zu, berührte ihn an der Schulter, Benjamin stellte sein Bein vor das Bein von Lukas, Lukas fiel hin" helfen in der Regel nicht, wenn man später versucht, die Situation zwischen Benjamin und Lukas zu analysieren. Gerade bei ungeplanten Beobachtungen fällt es Ihnen aber vielleicht manchmal schwer, genau zu erkennen, was denn nun eigentlich geschehen ist, weil die Beobachtung sozusagen „nebenbei" gemacht wird. Dennoch gewinnen Sie den Eindruck, es könnte von Bedeutung gewesen sein. In solchen Fällen bietet es sich an, nur das aufzuschreiben, was Sie tatsächlich wahrgenommen haben und sich zu notieren, dass Sie bei der nächsten geplanten Beobachtung genauer hinzuschauen möchten. Eine solche Notiz könnte folgendermaßen aussehen: „Seit einigen Tagen kommt es zwischen Lukas und Benjamin immer wieder zum Streit, wenn die beiden zusammen spielen. Bei der nächsten Beobachtung genau hinschauen, was da eigentlich abläuft!"

Bei anderen ungeplanten Beobachtungen gelingt es Ihnen vielleicht, sich die Zeit zu nehmen, um genau hinzuschauen. Bis Sie aber dazu kommen, Ihre Beobachtung aufzuschreiben, vergeht eine Weile, in der Sie sich über das Wahrgenommene bereits „so Ihre Gedanken" machen. Diese Gedanken können dann recht schnell unreflektiert in die Verschriftlichung der Beobachtung mit einfließen. Hier bietet es sich an, genau zu notieren, was beobachtet wurde und was bereits zur Analyse gehört. Ein Beispiel:

„Folgendes habe ich beobachtet: Lukas und Benjamin haben in der Bauecke mit Autos gespielt. Dabei hatten sie eine heftige Auseinandersetzung darüber, wer den roten Porsche benutzen darf. Beide Jungen beschimpften sich verbal mit Worten wie „Blödmann" und „Idiot" und es kam auch körperlich zum Gerangel. Dabei schubste Lukas Benjamin an der Schulter und Benjamin stellte Lukas ein Bein, sodass dieser hingefallen ist. Daraufhin hat Benjamin die Bauecke ziemlich schnell verlassen und ist in den Garten gelaufen. Ich habe Lukas getröstet und ihn gefragt, was denn los gewesen sei. Lukas hat geantwortet, dass Benjamin immer der „Bestimmer" sein will. Mein eigener Eindruck ist: Schon seit längerer Zeit nehme ich wahr, dass sich Lukas und Benjamin häufiger streiten, obwohl sie eigentlich Freunde sind. In der Situation, die ich beobachtet habe, ging es um den roten Porsche, den beide Jungen als sehr attraktives Spielzeug ansehen. Ich kann mir vorstellen, dass für beide Jungen die Freundschaft zueinander gerade ein wichtiges Thema ist, mit dem sie sich auseinander setzen. Meiner Ansicht nach war bisher immer Benjamin derjenige, der die guten Spielideen hatte und Lukas hat sich angepasst. Jetzt entwickelt Lukas langsam eigene Ideen, die er durchsetzen will. Damit kommt Benjamin vielleicht nicht klar. Wir sollten hier weiter beobachten, ob die beiden Jungen ihre Beziehung zueinander klären können oder ob sie unsere Hilfe brauchen."

Ist eine solche Beobachtung aufgeschrieben, können zur weiteren Analyse Fragen genutzt werden, wie sie im Beobachtungsverfahren „Beobachtung und fachlicher Diskurs zu den Themen der Kinder" (Kapitel 4.7) beschrieben sind.

Dokumentation und Analyse von Gesprächen mit Kindern

Erkenntnisse über die Themen der Kinder oder ihren aktuellen Entwicklungsstand können Sie auch dann gewinnen, wenn Sie mit den Kindern ins Gespräch kommen. Solche Gespräche sollten möglichst genau notiert werden und können als Dokumente für die individuelle Lern- und Bildungsgeschichte des Kindes genutzt werden. Oft handelt es sich dabei um Geschichten, die Ihnen deshalb so besonders auffallen, weil sie dem so genannten „Kindermund" entspringen, wie folgendes Beispiel zeigt, in dem sich der fünfjährige Paul mit seiner Erzieherin Uta unterhält.

Paul: „Du Uta, glaubst du, dass eine Rakete die Erde tragen könnte?"
Uta: „Nein, das glaube ich eigentlich nicht."
Paul: „Sie müsste die Erde natürlich von unten tragen, also unter der Erde sein, in Amerika oder so."
Uta: „Wo bitteschön ist denn im Weltraum unten?"
Paul: „Na vom Mond aus gesehen natürlich."

Die Beschreibung dieses Gesprächs zaubert in der Regel zuerst einmal ein Lächeln auf das Gesicht von Erwachsenen. Es lohnt sich jedoch, es nicht einfach bei diesem Lächeln zu belassen, sondern genauer darüber nachzudenken, um darauf aufbauend Bildungsmöglichkeiten für Paul zu eröffnen. Bei einer Analyse des Gesprächs zeigt sich nämlich, dass mehr dahinter steckt als nur der so genannte „Kindermund". Zum einen wird offensichtlich, dass sich Paul für Geografie interessiert. Er weiß, dass es so etwas wie Amerika gibt und dass Amerika, von Deutschland aus gesehen, auf der anderen Seite der Erde liegt. Vielleicht würde es Paul gefallen, einmal einen Atlas oder einen Globus anzuschauen. Zum anderen beschäftigt sich Paul ganz eindeutig mit verschiedenen Perspektiven auf ein und dieselbe Sache. Er hat die Idee, dass man die Erde vom Mond aus betrachten kann und dabei ein „Oben" und „Unten" sieht. Vielleicht wäre es für Paul herausfordernd, wenn er die Möglichkeit bekäme, auch andere Dinge aus verschiedenen Perspektiven zu betrachten. „Wie sieht unser Gruppenraum aus, wenn ich auf eine Leiter steige?" oder „Wie sieht unser Kindergarten aus, wenn ich ihn vom obersten Stockwerk des benachbarten Hochhauses aus betrachte?".

Gespräche zwischen Ihnen und den Kindern, die Rückschlüsse auf die Bildungsthemen der Kinder zulassen, können sich auch über die Werke der Kinder entwickeln. Natürlich sind hier nicht Bastelarbeiten oder Bilder gemeint, die die Kinder auf Grund einer Vorlage herstellen und deren Ergebnis bereits vorbestimmt ist. Interessant im Hinblick auf Bildungsthemen sind vielmehr jene kreativen Produkte, die aus eigenem Antrieb und mit der eigenen, oft sehr individuellen Sicht des Kindes auf die Welt gefertigt werden. Hierzu ein Beispiel:

Die vierjährige Yasemin hat lange am Tisch gesessen und gemalt. Nun zeigt sie der Erzieherin stolz ihr Werk. Die Erzieherin nimmt das Blatt Papier und schaut es sich verdutzt an. Yasemin hat keine Buntstifte benutzt, sondern lediglich einen Bleistift. Zu erkennen sind für die Erzieherin gerade und gebogene Linien, Formen, die entfernt an Kreise und Rechtecke erinnern und ein großes „M". Beschäftigt sich Yasemin gerade mit geometrischen Formen? Die Erzieherin nimmt sich Zeit und bittet Yasemin, ihr das Bild zu erklären. Yasemin erzählt: Das eine Rechteck ist das Haus, in dem sie wohnt. Von dort führt ein Weg zum Kindergarten und ein Weg zu ihrer Freundin Sylvia. Weil Sylvia so gerne „Cheeseburger" isst, hat Yasemin einen Weg vom Haus ihrer Freundin zu „McDonald's"

eingezeichnet. Auch vom Kindergarten führt noch ein Weg zu ei-
nem anderen Rechteck. Dies ist das Haus, in dem sich die Kinder-
gartengruppe am nächsten Tag ein Theaterstück ansehen wird, wo-
rauf sich Yasemin schon sehr freut.

Hätte die Erzieherin dieses Gespräch mit Yasemin nicht geführt, wäre das Bild in den Augen anderer wahrscheinlich nur „Gekritzel" geblieben. Durch das Gespräch wird jedoch deutlich: Yasemin beschäftigt sich in ihrer Zeichnung unter anderem mit den Themen Gegenwart und Zukunft, mit sozialen Beziehungen und mit Orten, die für sie von Bedeutung sind. Außerdem versucht sie, diese Themen in symbolischer Weise darzustellen und findet damit einen ersten Weg zur Schrift. Deshalb gehört nicht nur das Bild in die Dokumentation von Yasemins Lern- und Bildungsgeschichte, sondern auch das, was sie dazu erklärt und das, was die Erzieherin durch die Erklärung als Bildungsthema von Yasemin identifiziert.

6.2 Dokumentation und Analyse von Fotografien und Videoaufnahmen

Entschließen Sie sich dazu, Fotos oder Videos von den Kindern Ihrer Gruppe aufzuzeichnen, dann haben Sie mit dieser Art der Beobachtung schon einen Teil der Dokumentation geleistet. Fotos und Videoaufnahmen können durchaus als Dokumente kindlicher Lern- und Bildungsgeschichten angesehen werden. Sie stellen eine gute und angemessene Form dar, um das, was die Kinder tun, was sie beschäftigt und wofür sie sich engagieren, aufzuzeichnen. In der Regel gewöhnen sich die Kinder auch schnell daran, dass sie von Zeit zu Zeit mit der Kamera aufgenommen werden, sodass Sie durchaus davon ausgehen können, normale Alltagssituationen einzufangen und nicht nur „Theater". Weiterhin bietet Ihnen das Benutzen einer Kamera die Möglichkeit, eindeutig zu signalisieren, dass Sie nun beobachten und deshalb nicht ansprechbar sind. Wenn Sie technische Hilfsmittel benutzen, sollten Sie allerdings berücksichtigen, dass das Erstellen solcher Dokumente in hoher Qualität nicht ganz einfach ist und dass die Auswertung in der Regel zeitaufwändiger ist als bei einer Beobachtung mit Papier und Stift.

Zum einen sollten Sie sich nicht allzu sehr auf die so genannte „Objektivität" von technischen Geräten verlassen. Fotos und Videoaufnahmen geben nur einen begrenzten Ausschnitt der Wirklichkeit wieder und sind in mancher Hinsicht der menschlichen Fähigkeit zur ganzheitlichen Wahrnehmung sogar unterlegen (Huhn, Dittrich, Dörfler & Schneider 2000). Hierzu ein Beispiel:

Weil Sie sich sehr auf Ihre Aufnahme von Nathalie und Constanze konzentrieren, die in der Puppenecke intensiv Kochen und Puppefüttern spielen, bekommen Sie vielleicht nicht mit, dass auch Svenja am Rande der Puppenecke so tut, als ob sie eine Puppe wickelt. Als Svenja kurz weggeht, um eine neue Windel zu holen, greift sich Nathalie Svenjas Puppe. Svenja ist darüber erbost und es kommt zum Konflikt zwischen den Mädchen. Als Beobachterin mit der Videokamera können Sie jedoch nicht nachvollziehen, warum Svenja überhaupt wütend ist. Bedingt durch die Kamera standen in Ihrem Aufmerksamkeitsfokus nur Nathalie und Constanze. Ohne Kamera hätten Sie vielleicht sozusagen „aus den Augenwinkeln" auch noch bemerkt, was Svenja gerade in der Puppenecke spielt. Den Konflikt zwischen den Kindern können Sie mithilfe der Videoaufnahme nicht wirklich auswerten.

Andererseits haben Sie natürlich mit Ihrer Aufnahme von Nathalie und Constanze eine hervorragende Basis geschaffen, um das Spiel dieser beiden Mädchen zu analysieren, und je mehr Sie mit dieser Technik umgehen, desto häufiger wird es Ihnen gelingen, trotz Kamera auch das wahrzunehmen, was neben dem Aufnahmefokus passiert. Diese Beobachtungen müssen dann jedoch schriftlich festgehalten werden, denn nur so sind sie als Hintergrundinformation für die mit der Kamera beobachteten Szenen nachvollziehbar und bei der Analyse verwendbar. Bei Fotodokumentationen ist dieses schriftliche Festhalten der Situation sogar noch wichtiger. Fotos sind Momentaufnahmen und sagen deshalb in der Regel weniger als Videoaufnahmen darüber aus, wie sich die Kinder mit ihren Themen auseinander setzen. Im Gegensatz zu Videoaufnahmen fehlt bei Fotos die Sprache und auch Bewegung lässt sich schwieriger abbilden. Sprache und Bewegung können Sie nur dann abbilden, wenn Sie die Geschichte, die sich hinter den Fotos verbirgt, aufschreiben.

Neben der „begrenzten" Wahrnehmung, der Sie durch das Verwenden von technischen Geräten bei der Beobachtung ausgesetzt sind, sollten Sie nicht unterschätzen, dass auch der kameratechnische Umgang mit Lichtverhältnissen, Raumverhältnissen und Bewegung geübt werden muss (Huhn, Dittrich, Dörfler & Schneider 2000). Auf Gegenlichtaufnahmen ist in der Regel kaum etwas zu erkennen und sie sind deshalb für die Dokumentation von kindlichen Bildungsprozessen schlecht zu verwerten. Aber gerade, wenn Sie sich mit der Videokamera durch den Raum bewegen und darauf konzentriert sind, eine Situation einzufangen, werden Sie bemerken, dass Ihnen solche „Gegenlichtfehler" am Anfang recht häufig unterlaufen. Um dem entgegenzuwirken, können Sie sich natürlich vor der Aufnahme überlegen, wo im Raum Sie sich mit der Kamera am besten positionieren und dann an diesem Platz stehen bleiben. Nun werden Sie jedoch bemerken, wie eng der Ausschnitt der Wirklichkeit ist, den Sie auf diese Weise mit der Kamera einfangen können. Kinder bewegen sich im Raum: Kommen sie zu nah an die Kamera, dann können Sie nur noch Gesichter oder Oberkörper aufnehmen, bewegen sie sich zu weit von der Kamera weg, dann läuft Ihnen bei der Aufnahme ständig jemand dazwischen. Nutzen Kinder für ihr Spiel den ganzen Raum, muss die Kamera immer wieder schwenken; ziehen sie sich in eine kleine, behagliche Ecke zurück, gibt es für die Kamera keinen Einblick mehr. Letztendlich bleibt Ihnen also nichts anderes übrig, als den Kindern mit der Kamera zu folgen und immer wieder eine neue, gute Position zu finden, aus der Sie das, was die Kinder tun, am besten aufzeichnen können. Je mehr Übung Sie jedoch im Umgang mit der Technik haben, desto besser wird Ihnen das auch gelingen.

Ein weiteres grundlegendes Problem bei der Videodokumentation ist die Qualität der Tonaufnahme. Eine normale Kamera fängt häufig nur sehr schlecht ein, was die Kinder miteinander reden, Nebengeräusche sind viel zu stark oder Sie hören auf der Aufnahme vor allem das Kind, welches unmittelbar hinter Ihnen fröhlich ein Lied trällert. Eine Lösung für dieses Problem wäre ein Richtmikrofon. Allerdings ist dafür der technische Aufwand sehr hoch. Zum einen brauchen Sie, um beweglich zu sein, eine zweite Person, die das Mikrofon immer wieder neu ausrichtet, zum anderen sind insbesondere ältere Kinder durch den Einsatz von zu viel Technik leicht irritierbar. Letztendlich müssen Sie also das, was die Kinder sagen, auch bei Videoaufnahmen häufig im Nachhinein schriftlich niederlegen. Dazu können Sie natürlich die Aufnahme selbst nutzen und werden bei zeitnahem Anschauen auch merken, dass Sie als Aufnehmende viel mehr verstehen als andere Personen, die bei der Aufnahme nicht zugegen waren. Doch kann es mühevoll und manchmal sehr zeitaufwändig sein, mehrmals zurückzuspulen und sich den Satz, den Nathalie zu Svenja sagt, wieder und wieder anzuhören.

Gehen wir nun aber einmal davon aus, dass Sie mit etwas Übung relativ schnell zur Expertin in Sachen Foto- und Videodokumentation werden. Die Aufnahmen sind nahezu perfekt und es existiert ein schriftliches Protokoll, aus dem viel darüber zu entnehmen ist, was die Kinder sagen und was ansonsten mit der Kamera nicht eingefangen werden konnte. Nun müssen diese Dokumente allerdings auch analysiert werden und auch hierbei sollten Sie den Aufwand nicht unterschätzen.

Auswertung von Fotos

Ähnlich wie bei der Dokumentation von Gesprächen mit Kindern oder der Dokumentation kindlicher Werke bedarf es auch bei Fotos einer Klärung, welche Bildungsthemen des Kindes damit beobachtet worden sind oder welche Kompetenzen und Entwicklungsschritte sich daran erkennen lassen. Für sich genommen können die von Ihnen erstellten Bilddokumente zwar Eltern und Kinder erfreuen und als nette Erinnerungsstücke wahrgenommen werden, im Hinblick auf kindliche Bildungsprozesse und darauf aufbauende pädagogische Angebote sind sie aber nur wenig aussagekräftig, wenn sie nicht analysiert werden. Zu den Fotos gehört also auch die schriftlich festgehaltene Geschichte, die sich dahinter verbirgt, die Einschätzung der Bildungs- oder Entwicklungsthemen, die sich anhand der Fotos erkennen lassen und Hinweise, wie darauf aufbauend individuelle pädagogische Angebote für die beobachteten Kinder entwickelt wurden. Fotoserien von zwei bis fünf Fotos sind geeignet, um Kinder bei typischen, herausfordernden oder ungewöhnlichen Aktivitäten einzufangen. Mit einer kurzen Beschreibung bzw. Interpretation versehen sind sie nicht nur ein Teil der individuellen Bildungsgeschichte eines Kindes, sondern können auch – wenn Eltern und Kinder einverstanden sind – der öffentlich zugänglichen Dokumentation der Bildungsarbeit der Kita dienen.

Auswertung von Videoaufnahmen

Bei Videoaufnahmen kann die Analyse immens zeitaufwändig sein. Mit der Videokamera ausgerüstet neigt man dazu, viel mehr Beobachtungsmaterial als mit Papier und Bleistift zu erstellen. Schnell wird aus der geplanten fünfminütigen Beobachtungszeit eine halbe Stunde. Aus dem so gewonnenen Material gilt es dann auszusortieren, was besonders interessant erscheint und was besonders aussagekräftig im Hinblick auf kindliche Bildungsprozesse sein könnte.

Die Auswertung von Videoaufnahmen sollte, wie bei jeglichen Beobachtungen, möglichst zeitnah vorgenommen werden. Wenn Sie sich mit dem Aussortieren bedeutsamer Szenen zu viel Zeit lassen, weil Sie glauben, alles Wichtige eingefangen zu haben, und wenn kein schriftliches Protokoll über das existiert, was um die Aufnahme herum stattgefunden hat, kann die Analyse der ausgewählten Szenen unter Umständen schwierig werden. So stellen Sie vielleicht fest, dass auf der Videoaufnahme kaum zu verstehen ist, was die Kinder sagen, dass Sie sich aber auch nicht mehr daran erinnern können. Oder Sie bemerken, dass Sie mit der Videokamera weder den Beginn noch die Auflösung einer Szene eingefangen haben, wie in unserem oben beschriebenen Beispiel des Konflikts zwischen Nathalie, Constanze und Svenja. Nun wissen sie weder, was zum Konflikt in der Puppenecke führte, noch was nach der Auseinandersetzung eigentlich passiert ist. Erinnern können Sie sich im Nachhinein meist nur schwer. In solchen Fällen gerät man leicht in den Bereich der Spekulation und Sie sollten deshalb eine Analyse vermeiden oder nur sehr vorsichtig betreiben.

Wenn die Auswertung der Videoaufnahmen jedoch zeitnah erfolgt und ein schriftliches Protokoll zur Aufnahme vorhanden ist, stellt dieses Beobachtungsmaterial eine hervorragende Ausgangsbasis dar, um gemeinsam mit Ihren Kolleginnen kindliche Bildungsprozesse nah am tatsächlichen Geschehen nachzuvollziehen und zu analysieren. Ihre Kolleginnen können dann „mit eigenen Augen" sehen, was Sie beobachtet haben und bekommen von Ihnen sowie durch das Protokoll entsprechende Hintergrundinformationen zur beobachteten Situation. Das Material regt dazu an, die Situation aus verschiedenen Perspektiven zu betrachten und zu diskutieren. Darauf aufbauend können individuelle pädagogische Angebote entwickelt und fundiert begründet werden.

6.3 Portfolio-Dokumentation

Wenn Sie beobachten und dokumentieren, dann tun Sie das mit verschiedenen Zielen. Es geht Ihnen sicherlich darum, jedes einzelne Kind und die Kindergruppe, für die Sie Ansprech- und Bezugsperson sind, im Blick zu behalten, und in ihren Lebenssituationen, Fähigkeiten, Interessen und Bedürfnissen immer besser kennen zu lernen. Es geht auch darum, für jedes Kind einen Ausschnitt der individuellen Bildungsbiographie festzuhalten und nachvollziehbar zu machen; als Grundlage für die Reflexion der pädagogischen Arbeit, als Ausgangspunkt für die Planung und Umsetzung von pädagogischen Angeboten und als Basis für den engagierten Austausch und die Kooperation mit Eltern und Familien. Deshalb ist es sinnvoll, alle Dokumente, die Auskunft geben können über Bildungs- und Entwicklungsprozesse und -themen eines Kindes, in einer geordneten Weise zusammenzuführen. Nicht mehr und nicht weniger macht ein Portfolio aus. Portfolios können in Mappen oder Ordnern organisiert sein. Sie enthalten sowohl Aufzeichnungen über das Kind als auch Produkte des Kindes: also spontane Beobachtungen, anekdotische Geschichten, Auswertungsbögen der systematischen Beobachtungen, Fotos oder Fotoserien, die das Kind bei bevorzugten Aktivitäten, mit bestimmten Spielpartnern oder in typischen Situationen zeigen, Bilder, die das Kind gemalt hat, Fotos von Bauwerken oder Tonarbeiten des Kindes. Auch Informationen aus dem Familienzusammenhang oder Familiengeschichten können in Portfolios ihren Platz finden.

Was unterscheidet das Portfolio von den alten „Mappen", wo Mal- und Bastelarbeiten gesammelt wurden?

Viele Erzieherinnen legen bereits für jedes Kind eine Mappe an, wo die Produkte, die die Kinder über das Kindergartenjahr hinweg anfertigen, ihren Platz finden und die zum Abschied den Kindern bzw. Eltern mitgegeben wird. Ein Portfolio geht über diese Form des Sammelns hinaus. Es ist eine Zusammenstellung von vielen Stationen der Bildungsprozesse eines Kindes, um letztlich die Bildungsbiographie eines Kindes nachvollziehen zu können. Deshalb muss ein Portfolio bewusst und systematisch geführt werden. Das heißt, dass man zu jeder Eintragung bzw. zu jedem Dokument eine Idee darüber haben sollte, warum diese im Portfolio „gelandet" ist. Welchen Schritt im Bildungsprozess des Kindes, welche für das Kind wichtige Erfahrung ist dort beschrieben oder im Foto festgehalten? Welche Bedeutung hat die abgeheftete Malerei für das Kind, welches Thema hat es dabei bewegt und beschäftigt? Portfolios enthalten also nicht nur die „nackten" Produkte oder Ergebnisse von Beobachtungen, sondern möglichst immer auch kurze Reflexionen, Notizen über Konsequenzen für die pädagogische Arbeit, Verweise auf Querverbindungen zwischen einzelnen Dokumenten und Aufzeichnungen darüber, was die Kinder selbst zu ihren Produkten oder zu Fotografien sagen.

Wie lege ich ein Portfolio an?

Für das Anlegen eines Portfolios gibt es keine festen Regeln, aber Erfahrungswerte. Portfolios sind in den USA und in England seit vielen Jahren ein bewährtes Arbeitsinstrument in Kindertageseinrichtungen; in Deutschland erproben zurzeit die teilnehmenden Kindertageseinrichtungen im 10-Stufen-Projekt Bildung (vgl. Kapitel 5.3) den Umgang mit Portfolios und ihren praktischen Nutzen.

Dabei sind die folgenden wichtigen Punkte zu berücksichtigen bzw. zu klären.

- *Worin sollen die Beobachtungen und Informationen gesammelt werden?* Hier kann ein einfacher Ringordner genutzt werden, der mit dem Namen des Kindes versehen wird. Berücksichtigen sollten Sie auch, dass Dokumentierenswertes nicht immer ein Format hat, das man in Ordnern abheften kann (z. B. große Bilder, Gesammeltes von Ausflügen). Zu überlegen wäre deshalb, für jedes Kind eine Fotobox, einen Plastikkasten o. Ä. anzuschaffen, wo solche Sachen aufbewahrt werden können.

- *Wie soll das Portfolio aufgebaut werden?* Das Portfolio sollte der Übersichtlichkeit halber durch Trennblätter in Abschnitte eingeteilt werden. Bewährt hat sich die Organisation der Dokumente auf der Zeitachse. Das heißt, dass alle Beobachtungen, Notizen und Fotos chronologisch, z. B. in Halbjahresabschnitten, abgelegt werden. Innerhalb dieser Abschnitte können einzelne Formulare wiederum in einer festgelegten Reihenfolge erscheinen. Zu berücksichtigen ist auch, welchen „ersten Eindruck" ein Portfolio vermitteln soll. Ein Foto auf der ersten Seite ist sicherlich lebendiger als ein Auswertungsbogen und vermittelt vielleicht auch eher Ihr Anliegen, das einzelne Kind in seiner Individualität zu würdigen. Sie sollten ebenfalls darüber entscheiden, ob und an welcher Stelle Informationen von den Eltern oder aus den Familien aufgenommen werden.

- *Wo finden die Portfolio-Ordner und ggf. Kästen ihren Platz?* Sie sollten gut zugänglich sein, aber nicht so öffentlich, dass jeder ungefragt Einsicht nehmen kann.

- *Wer ist für welche Portfolios zuständig?* Die Verantwortung für die einzelnen Dokumentationen muss im Team verteilt werden. In Einrichtungen, die mit festen Gruppen arbeiten, werden die in einer Gruppe zusammenarbeitenden Fachkräfte die Zuständigkeit für die Portfolios „ihrer" Kinder unter sich aufteilen. Auch in Einrichtungen, die ein offenes oder teiloffenes Konzept haben, gibt es meist für jedes Kind eine „Bezugserzieherin", die das Führen des Portfolios übernehmen kann. Als machbar hat sich erwiesen, dass eine Fachkraft die Portfolios von acht bis zehn Kindern pflegt.

■ *Wie behalte ich den Überblick?* Zunächst einmal sollte jedes Dokument mit Datum versehen werden und vermerkt werden, von wem es angefertigt wurde. Als sinnvoll hat sich auch ein Übersichtsplan erwiesen, der zeigt, welche Beobachtungsverfahren regelmäßig eingesetzt werden sollen und wann die Beobachtungen für das jeweilige Kind tatsächlich erfolgt sind (vgl. Kapitel 3.3). Auch Termine für Elterngespräche sollten dort eingetragen werden. Der Übersichtsplan wird außen an dem Portfolio-Ordner angebracht oder an den Anfang des Portfolios eingeheftet.

Wie pflege ich die Portfolios?

Damit Portfolios nutzbar bleiben, müssen sie gepflegt werden; das heißt in erster Linie, sie regelmäßig zu aktualisieren. Es ist schade, wenn in einem Portfolio größere „Lücken" entstehen, denn diese Abschnitte aus der Bildungsbiographie des Kindes sind verloren und können im Nachhinein nur mühsam oder überhaupt nicht mehr rekonstruiert werden. Maßnahmen, um solche Lücken erst gar nicht entstehen zu lassen, bestehen zum einen in einer möglichst guten Beobachtungsplanung (s.o. und Kapitel 3.3). Zum anderen hilft es bereits viel, alles, von dem Sie denken, es könnte für die Bildungsgeschichte eines Kindes außerdem informativ sein – wie Bilder, Gesagtes, spontane Beobachtungen, die Sie mit einem Bildungsthema des Kindes in Zusammenhang bringen – mit Datum und kurzen Anmerkungen versehen zu sammeln. Zu einem späteren Zeitpunkt sollten aber auch diese Quellen ihren systematischen Platz im Portfolio finden. Trauen Sie sich dabei ruhig, auszusortieren und wegzuwerfen, von dem Sie gar nicht mehr wissen, warum es eigentlich aufgehoben wurde. Denn auch das wird Ihnen gelegentlich passieren! Drei oder vier über den Zeitraum eines halben Jahres gemalte Bilder eines Kindes mit seinen eigenen Kommentaren und ihren Überlegungen zu seinen Bildungsprozessen versehen, die sich dort widerspiegeln, sind aufschlussreicher und spannender als zehn getuschte Bilder oder schöne Fotos vom Sommerfest, zu denen keine weiterführenden Informationen vorhanden sind.

Wem gehört das Portfolio?

Wem die Aufzeichnungen, die in einem Portfolio gesammelt werden, letztlich gehören und wer berechtigt ist, diese einzusehen und vor allem auch weiterzugeben, ist rechtlich eine bisher ungeklärte Frage. Die an dem 10-Stufen-Projekt Bildung teilnehmenden Einrichtungen betrachten das Portfolio ausdrücklich als Eigentum der Eltern, denen auch alle weiterführenden Entscheidungen obliegen. Auch in den Bildungs- und Erziehungsempfehlungen für Kindertagesstätten in Rheinland-Pfalz (Ministerium für Bildung, Frauen und Jugend 2004) wird darauf hingewiesen, dass die Bildungs- und Lerndokumentationen Eigentum der Eltern sind und spätestens beim Ausscheiden des Kindes aus der Einrichtung an diese ausgehändigt werden sollen. Den größten Nutzen hat ein Portfolio dann, wenn alle beteiligten und am Kind und seiner Entwicklung interessierten Akteure bei dessen Erstellung und bei Entscheidungen, wofür die gesammelten Dokumente genutzt werden, Hand in Hand arbeiten – ungeachtet formaler rechtlicher Bestimmungen.

Wie und wozu nutze ich die Portfolios?

Die Bildungs- und Lerndokumentationen der Kinder sind zum einen eine wichtige Grundlage für die fortlaufende pädagogische Planung allein und im Team. Pädagogische Angebote können gezielter entwickelt werden und immer wieder auf ihre Angemessenheit für einzelne Kinder oder Gruppen von Kindern überprüft werden. Auch die räumlichen Bedingungen und das Material-angebot können aus der Perspektive individueller Kinder ana-lysiert werden: Entsprechen die Spielmaterialien und -möglich-keiten den aktuellen Themen und Interessen dieses Kindes? Was müssten wir ergänzen oder verändern? Gleichzeitig sind Portfo-lios ein Ausdruck der Wertschätzung und des Interesses, das ich den Kindern, ihren Aktivitäten und Produkten entgegenbringe. Indem ich das Kind in seinen vielen Fassetten wahrnehmen lerne, bin ich ihm näher, verbundener, und die Beziehung zu ihm inten-siviert und verändert sich. Die meisten Kinder nehmen leiden-schaftlich gern Gelegenheiten wahr, ihr Portfolio gemeinsam mit der Erzieherin oder ihren Eltern anzusehen. Sie wollen wissen, was dort über sie geschrieben steht, wie sie als „Baby" waren und was sie selber zu ihren eigenen Werken gesagt haben. In dem Portfolio finden sie ein Stück ihrer eigenen Lebensgeschichte wie-der und entwickeln so ein Verständnis von Vergangenheit und Zukunft, von Gewesensein und Werden und der Kontinuität der eigenen Existenz. Deshalb ist es selbstverständlich, dass Portfolios nicht nur eine Angelegenheit der Erwachsenen sind, sondern prinzipiell den Kindern zum Anschauen zur Verfügung stehen.

Fachkräfte, die bereits über Erfahrungen mit der Portfolio-Dokumentation verfügen, berichten besonders begeistert über die Veränderungen in ihrer Kommunikation mit den Eltern. Er-zieherinnen können z. B. anhand dokumentierter Lerngeschich-ten, Fotoserien oder der Ergebnisse des Verfahrens der „Sieben Intelligenzen" genauer und detaillierter Auskunft geben. Die El-tern erhalten eine aussagekräftige Rückmeldung über das, was ihr Kind in der Kita tut, was es lernt und interessiert, und müs-sen sich nicht mit dem oft Üblichen „Er hat gut gegessen und schön gespielt. Sonst war nichts Besonderes" zufrieden geben. Dies hat mehrere Effekte. Zum einen verlieren die regelmäßigen Bastel- und Malprodukte, die von Eltern mangels anderer Infor-mationen gern als Beleg des pädagogischen Geschehens in der

Einrichtung eingefordert werden, an Bedeutung. Eltern nehmen die Fachkräfte verstärkt in ihrer Professionalität als Bildungsbegleiterin und Arrangeurin für Lernumwelten wahr, was das Image der „Basteltante" nach und nach verdrängt. Wenn Eltern merken, dass Erzieherinnen für die individuellen Fähigkeiten und Interessen ihres Kindes aufmerksam sind, und dass auch ihre Beobachtungen und Schlüsse gefragt sind, kommt es vielfach dazu, dass sie die Berichte und Dokumentationen der Erzieherinnen durch eigene Beobachtungen, Fotografien oder Geschichten ergänzen. Damit wird das Portfolio zu einem Ergebnis und Ausdruck einer tatsächlichen Erziehungs- und Bildungspartnerschaft zwischen Erzieherinnen und Eltern. Um dies möglich zu machen, sind allerdings regelmäßig Zeiten für Gespräche mit den Eltern einzuplanen, für die das Portfolio dann die inhaltliche Basis liefert.

Schließlich enthalten Portfolios Informationen, die eine wichtige Rolle für einen gelingenden Übergang in die Schule spielen können. Wenn Lehrkräfte die Chance haben, ihre Neuankömmlinge in ihren individuellen Lernwegen und Zugängen zu Bildungsthemen kennen zu lernen, können sie an Stärken anknüpfen, Verhalten besser einordnen und mit Eltern leichter eine Verständigung erreichen. Allerdings sind viele Eltern verunsichert, ob die dokumentierten Beobachtungen wirklich immer zum Wohle ihres Kindes eingesetzt und gelesen werden, wenn sie die Einrichtung verlassen. Tatsächlich lässt sich nicht ausschließen, dass auch solche Verfahren wie die in diesem Buch vorgestellten, die alle einem ressourcenorientierten Ansatz verpflichtet sind, dazu verwendet werden, um Schwächen, Auffälligkeiten oder Defizite zu begründen. Die Entscheidung, ob ein Portfolio in die neue Kita oder in die Schule „mitwandert", liegt deshalb immer bei den Eltern.

7 Schluss: Was Sie auf jeden Fall beachten sollten, wenn Sie beobachten

Gleichgültig für welche Form der Beobachtung und Dokumentation Sie sich entscheiden, um den Bildungsauftrag im Elementarbereich in ihrer Einrichtung zu konkretisieren und umzusetzen, wichtig ist zunächst einmal, dass Sie die folgenden Grundannahmen teilen und vertreten können:

- Kinder sind in Sachen Bildung keine defizitären Wesen.
- Wenn sie zur Welt kommen, besitzen sie bereits die Fähigkeit, sich zu bilden und setzen diese Fähigkeit gezielt ein.
- Aufgabe der Erwachsenen ist es, den Kindern Bildungsmöglichkeiten zur Verfügung zu stellen, die ihre Bildungsfähigkeiten unterstützen und herausfordern.
- Wenn Erzieherinnen Kinder beobachten, sollten sie dies *nicht* in erster Linie deshalb tun, um herauszufinden, was Kinder nicht können, wo sie Schwächen haben, wo ihnen Kompetenzen fehlen, wo sie sich nicht konzentrieren können.
- Vielmehr geht es in der Beobachtung darum, zu erkennen, wo Kinder ihre Stärken haben, was sie besonders gut können, welche Kompetenzen sie besonders intensiv nutzen und bei welchen Aktivitäten sie ganz bei der Sache sind, um auf dieser Grundlage pädagogische Angebote zu entwickeln, die die Fähigkeit der Kinder, sich zu bilden, angemessen begleiten, unterstützen und herausfordern.

Wenn Sie mit dem Vorhaben, regelmäßig zu beobachten, bisher alleine stehen, dann sollten Sie überlegen, auf welche Weise sich Ihre Kolleginnen einbeziehen lassen. Das Ziel, Beobachtung und Dokumentation zu einem regelmäßigen Bestandteil der fachlichen Arbeit und zur Grundlage pädagogischer Planung zu machen, lässt sich am ehesten verwirklichen, wenn ein ganzes Einrichtungsteam an einem Strang zieht. Aber auch dann steht die Verständigung über die obigen Grundsätze am Anfang des ganzen Prozesses.

Die Entscheidung für ein bestimmtes Beobachtungsverfahren oder Beobachtungskonzept ist nach dieser grundsätzlichen Klärung über das „Bild vom Kind" abhängig davon, welches Ausmaß an Zeit und Energie beziehungsweise welche Intensität sich Erzieherinnen selbst zutrauen. Für eine Einrichtung, in der ein konkretes Problem aktuell im Vordergrund steht, ist es vielleicht einfacher, sich zunächst mit der Beobachtung und Dokumentation einzelner Aspekte der kindlichen Entwicklung oder der kindlichen Bildung zu beschäftigen. In Einrichtungen, die anstreben, eine Bildungskonzeption zu entwickeln, bietet es sich dagegen an, den Bildungsprozess der Kinder in seiner Gesamtheit zum Gegenstand der Aufmerksamkeit zu machen. Wenn Sie sich für ein Beobachtungsverfahren entschieden haben bzw. sich das Team auf ein Beobachtungsverfahren geeinigt hat, besteht der nächste Schritt im Einbezug von Eltern und Kindern. Das Einholen einer schriftlichen Einverständniserklärung, dass Aufzeichnungen angefertigt, im Team besprochen und aufbewahrt werden dürfen, ist angeraten. Mindestens ebenso wichtig ist es jedoch, den Familien zu vermitteln, dass die Beobachtung ihres Kindes ein Weg ist, dessen Stärken und Potenziale zu erkennen und es auf seinem Bildungsweg bestmöglich unterstützen zu können.

Zusammenfassend möchten wir die unterschiedlichen Herangehensweisen an die Beobachtung und Dokumentation von kindlichen Lern- und Bildungsprozessen nochmals dahingehend miteinander vergleichen, welche Annahmen von Bildungs- und Lernverläufen sich dahinter verbergen, inwieweit Eltern und Kinder an der Dokumentation der Lern- und Bildungsgeschichten beteiligt werden und wie mit den Ergebnissen der Dokumentation umgegangen werden kann. Darüber hinaus wird noch einmal die Frage gestellt, welche praktischen Voraussetzungen für die Arbeit mit den unterschiedlichen Verfahren notwendig sind.

Das Bild vom Kind

Alle oben beschriebenen Ansätze und Konzepte zur Dokumentation von Lern- und Bildungsprozessen gehen von einem Kind aus, das aktiver Gestalter seiner eigenen Entwicklung ist und das sein Wissen und seine Kenntnisse über die Welt durch die selbsttätige Handlung gewinnt. Basis für die Dokumentation ist daher eine konstruktivistische Sicht auf das Kind, wie Wygotski und Piaget sie in ihren Theorien beschreiben und wie sie in zahlreichen neueren wissenschaftlichen Arbeiten weiterentwickelt wird. Um vor diesem Hintergrund das kindliche Lernen zu beobachten und zu dokumentieren sowie Kinder in ihren Lern- und Bildungsprozessen zu unterstützen und herauszufordern, ist es notwendig, möglichst gemeinsam im Team ein entsprechendes Bild vom Kind sowie den darauf aufbauenden Erziehungszielen der Erwachsenen zu erarbeiten. Dabei reicht es nicht, den Kolleginnen die Bedeutung von Selbstbildungsprozessen zu erklären. Vielmehr müssen auch sie vor dem Hintergrund ihrer eigenen Erfahrungen, Wünsche und Vorstellungen selbsttätig ein konstruktivistisches Bild vom Kind entwickeln. Dies sollte sowohl im Vorfeld der Beobachtung von Lern- und Bildungsprozessen als auch im Verlauf der Arbeit immer wieder zum Thema gemacht werden.

Perspektivenübernahme

Des Weiteren ist allen oben beschriebenen Beobachtungsverfahren und -konzepten gemeinsam, dass kindliche Lern- und Bildungsprozesse nur dann sinnvoll beobachtet und dokumentiert werden können, wenn es gelingt, sich in die Lage der Kinder zu versetzen und von deren Standpunkt beziehungsweise aus deren Perspektive ihre Themen, Interessen und ihr Engagement zu identifizieren. Oft wird es Erzieherinnen jedoch schwer fallen, nicht sofort zu bewerten und einzuordnen, was sie beobachtet haben. Es erscheint daher sinnvoll, immer wieder den Blick für die Perspektive der Kinder zu schärfen.

Für den Umgang mit den Ergebnissen der Beobachtungen wird in einigen Konzepten die „Zone der nächsten Entwicklung" (Wygotski) angesprochen, in der Kinder in ihrer Entwicklung herausgefordert werden sollen. Insbesondere in den in Kapitel 5 dargestellten Beobachtungskonzepten, aber auch bei Kuno Bellers Entwicklungstabelle und dem „Baum der Erkenntnis" ist es das explizite Ziel von Beobachtung und Dokumentation, Kindern eine Entwicklungsumwelt anzubieten, in der ihre jeweiligen Kompetenzen herausgefordert werden, ohne die Kinder dabei jedoch zu überfordern. Hierfür sind entwicklungspsychologische Kenntnisse hilfreich, die es der Erzieherin erlauben, den Anregungsgehalt der Umgebung individuell zu gestalten und ihre pädagogische Intervention immer wieder durch die Beobachtung der Kinder auf Angemessenheit zu überprüfen. Falls solche Kenntnisse nicht in umfangreichem Ausmaß zur Verfügung stehen, besteht Fortbildungsbedarf.

Theoretische Grundannahmen zu Entwicklung und Entwicklungsverläufen

Alle Verfahren und Konzepte der Beobachtung und Dokumentation kindlicher Lern- und Bildungsprozesse gehen von den Kompetenzen der Kinder aus, die es zu begleiten, zu unterstützen und herauszufordern gilt. Mit Ausnahme der „Grenzsteine der Entwicklung" stehen nicht Defizite in der kindlichen Entwicklung im Mittelpunkt, sondern Fähigkeiten und Kenntnisse, die das Kind besitzt und auf die die Erzieherin aufbauen kann. Darüber

hinaus finden sich jedoch auch spezifische Entwicklungskonzep-
te, die es zu klären und zu verstehen gilt. Insbesondere wenn der
Bildungsprozess selbst zum Gegenstand der Analyse werden soll,
müssen je nach Auswahl der Beobachtungs- und Dokumentati-
onsschwerpunkte Begriffe wie Schema, Engagiertheit, Wohlbefin-
den und Lerndispositionen definiert werden.

Beteiligung von Eltern und Kindern an der Dokumentation

Alle Beobachtungsverfahren und -konzepte haben gemeinsam,
dass sie als Grundlage für das Gespräch und den Austausch mit
den Eltern der Kinder dienen sollen. Eine intensive Beteiligung
der Eltern sowohl an der Beobachtung der Lern- und Bildungsprozesse der Kinder als auch an deren Analyse findet sich jedoch
nur im Pen Green Konzept. Eltern werden hier als Experten für
die Entwicklung ihrer Kinder benannt. Auch das Konzept aus
Neuseeland und das 10-Stufen-Projekt-Bildung halten gemeinsame Interpretationen der Beobachtungen von Eltern und Erzieherinnen für wünschenswert, die Einbindung der Eltern erscheint aber dennoch nicht so intensiv wie in Pen Green. Wenn
Eltern in die Beobachtung und Dokumentation der Lern- und
Bildungsprozesse ihrer Kinder intensiv einbezogen werden sollen, ist es notwendig, über das Verhältnis zwischen Eltern und
Erzieherinnen nachzudenken und nach Wegen zu suchen, wie
Eltern ernsthaft an der Arbeit in der Kindertageseinrichtung beteiligt werden können.

Die Beteiligung der Kinder an der Dokumentation erscheint
in den umfassenden Beobachtungskonzepten von Pen Green,
den „learning stories" aus Neuseeland und dem 10-Stufen-Pro-
jekt-Bildung am stärksten verankert zu sein. Die sprachlichen
und kreativen Äußerungen des Kindes in seinen „100 Sprachen"
werden in die Dokumentation aufgenommen und in die Analyse einbezogen. Eine solche Beteiligung der Kinder an der Do-

kumentation ihrer eigenen Lern- und Bildungsprozesse ist ohne Zweifel bereits im Vorschulalter möglich und vermittelt den Kindern, dass ihre Aktivitäten und Aussagen anerkannt werden und von Bedeutung sind.

Praktische Erfordernisse zur Arbeit mit den unterschiedlichen Verfahren

Die beschriebenen Beobachtungs- und Dokumentationsverfahren sind prinzipiell alle im Alltagsgeschehen einer Kindertageseinrichtung durchführbar. Sinnvoll wäre es, sich im Vorfeld im Team der Kindertageseinrichtung auf die Erprobung eines Verfahrens oder Konzeptes zu einigen, damit ein Austausch unter den Erzieherinnen im Verlauf des Projekts erleichtert wird. Weiterhin bedarf es zur Durchführung der Beobachtungen Absprachen unter den Erzieherinnen. Es ist wichtig zu klären, wer wann beobachtet und deshalb für die Kinder weniger ansprechbar ist und welche Kollegin sich in dieser Zeit für die aktuellen Bedürfnisse der Kinder verantwortlich fühlt. Ebenso müssen Zeiten festgelegt werden, in denen die Ergebnisse der Beobachtungen gemeinsam diskutiert und ausgewertet werden können.

Die vorgestellten Verfahren der Beobachtung und Dokumentation unterscheiden sich im Hinblick auf den Grad ihrer Strukturiertheit, den zeitlichen Aufwand und die fachlichen Voraussetzungen, die eine Erzieherin mitbringen bzw. erwerben muss. Sie bzw. ihr Team sollten sich daher überlegen, welche Ziele Sie mit der Beobachtung und Dokumentation verbinden, wie intensiv Sie glauben, sich damit beschäftigen zu können und wie viel Struktur Sie brauchen bzw. wie viel Offenheit Ihnen entgegen kommt.

Die Beobachtungen, Dokumentationen und Analysen kindlicher Lern- und Bildungsprozesse, wie sie bei den Verfahren zur Einschätzung der kindlichen Entwicklung beziehungsweise der kindlichen Kompetenzen, beim Soziogramm und bei der Leuvener Engagiertheitsskala vorgeschlagen werden, können in sehr strukturierter Form vorgenommen werden. Für die Leuvener Engagiertheitsskala und das Verfahren „SISMIK" ist sogar Trainingsmaterial vorhanden. Die Gefahr solcher Arten von Beobachtung und Dokumentation liegt jedoch darin, sie zu statisch und zu wenig aus der Perspektive des Kindes vorzunehmen, auch wenn dies sicherlich nicht die Intention der Verfahren ist. Offenere Verfahren der Beobachtung und Dokumentation, wie die Beobachtung der Themen der Kinder, bergen dagegen die Gefahr, dass sie zu unspezifisch und damit zu nichtssagend ausfallen.

Um sowohl aussagekräftige Dokumentationen von Lern- und Bildungsprozessen zu erstellen als auch die Beobachtungen so weit wie möglich aus der Perspektive des Kindes durchzuführen, ist es notwendig, immer wieder in einem Team mit anderen Erwachsenen über das Beobachtete zu diskutieren. Für eine genaue Analyse und insbesondere für die Entwicklung von umfassenden Konzepten zur Begleitung und Herausforderung kindlicher Bildungsprozesse, die auf den Beobachtungen und Dokumentationen aufbauen, ist es hilfreich, wenn nicht gar unerlässlich, wenn diese Diskussionen durch Beratung und Fort- und Weiterbildungen begleitet werden.

Mit den letzten Ausführungen ist auch gleichzeitig umrissen, was ein Buch wie dieses leisten kann und wo seine Grenzen liegen. Wenn es Ihnen vermitteln konnte, warum wir Beobachten und Dokumentieren als Ausgangspunkt für Bildungsangebote ansehen; wenn es Ihnen einen Überblick vermittelt hat über praxiserprobte Ansätze und Verfahren und Sie Lust verspüren, einige Anregungen umzusetzen; und wenn Sie sich gewappnet fühlen, mit dem Beobachten und Dokumentieren zu starten und zuversichtlich sind, dass es Ihnen gelingen wird, beides in Ihre alltägliche Arbeit zu integrieren – dann hat dieses Buch das erreicht, was möglich ist.

Das Beobachten selber, das Aufzeichnen des Beobachteten und das Deuten des Gesehenen, das schließlich zu pädagogischem Handeln führt, sind Kompetenzen, die Sie nicht lesend, sondern nur durch konkretes Tätigsein entwickeln: durch Übung, Versuch und Irrtum, gemeinsames Ausprobieren und gegenseitige Unterstützung. Wir wünschen uns, dass dieses Buch Sie dabei unterstützt, mit all dem zu beginnen oder fortzufahren. Denn wir sind überzeugt davon, dass Beobachten und Dokumentieren zum professionellen Handwerkszeug gehört, mit dessen Hilfe die Potenziale aller Kinder erkannt und gezielter gefördert werden können; mehr aber noch, dass Beobachten Teil einer pädagogischen Grundhaltung ist, die Kinder in ihren Persönlichkeiten, Ausdrucksformen und Aktivitäten wertschätzt und ihnen mit Achtung und Interesse begegnet.

8 Anhang

8.1 Literatur

Arbeiterwohlfahrt Bundesverband e.V. (Hrsg.) (2001): Muster-Qualitäts-management-Handbuch Tageseinrichtungen für Kinder. Leitfaden.

Beller, E. Kuno / Beller, Simone (2004): Kuno Bellers Entwicklungstabelle. 4. Aufl. Eigenverlag.

Beller, E. Kuno / Beller, Simone (2003): Beobachtung in den ersten drei Lebensjahren. KiTa Spezial, 1, S. 14–17.

Berger, Marianne / Berger, Lasse (2004): Der Baum der Erkenntnis – Kunskapen Träd. Ein schwedischer Lehrplan für Kinder und Jugendliche von 1–16 Jahren. Eigenverlag.

Bundesverband Katholischer Tageseinrichtungen für Kinder (Hrsg.) (2004): KTK-Gütesiegel. Bundesrahmenhandbuch. Kempten: Kösel.

Bundesvereinigung Evangelischer Tageseinrichtungen für Kinder (BETA)/ Diakonisches Institut für Qualitätsmanagement und Forschung GmbH (Hrsg.) (2002): Bundesrahmenhandbuch Evangelischer Tageseinrichtungen für Kinder. Ein Leitfaden zur Qualitätsentwicklung. schoendruck.de, Landshut.

Carr, Margaret (1998): Assessing Children's Experiences in Early Childhood. Three videos and a Workshop Booklet for Practitioners. Wellington: NZCER.

Carr, Margaret (2001): Assessment in Early Childhood Settings. Learning Stories. London: Sage.

Cramer, Martin (2003): Arbeitszeitmodelle und Dienstplangestaltung. Weinheim: Beltz.

Dreier, Annette (1993): Was tut der Wind, wenn er nicht weht? Begegnung mit der Kleinkindpädagogik in Reggio Emilia. 4. Aufl., Weinheim: Beltz.

Elschenbroich, Donata (2001): Weltwissen der Siebenjährigen. Wie Kinder die Welt entdecken können. München: Kunstmann.

Fthenakis, Wassilios E. / Hanssen, Kirsten / Oberhuemer, Pamela / Schreyer, Inge (Hrsg.) (2003): Träger zeigen Profil. Qualitätshandbuch für Träger von Kindertageseinrichtungen. Weinheim: Beltz.

Gardner, Howard (2001): Abschied vom IQ – Die Rahmentheorie der vielfachen Intelligenzen. 3. Aufl., Stuttgart: Klett-Cotta.

Greve, Werner / Wentura, Dirk (1997): Wissenschaftliche Beobachtung. Eine Einführung. Weinheim: Beltz.

Hebenstreit-Müller, Sabine / Kühnel, Barbara (Hrsg.) (2004): Kinderbeobachtung in Kitas. Erfahrungen und Methoden im ersten Early Excellence Centre in Berlin. Berlin: Dohrmann-Verlag.

Huhn, Norbert / Dittrich, Gisela / Dörfler, Mechthild / Schneider, Kornelia (2000): Videographieren als Beobachtungsmethode in der Sozialforschung. In: Friederike Heinzel (Hrsg.): Methoden der Kindheitsforschung. Ein Überblick über Forschungszugänge zur kindlichen Perspektive. München: Juventa.

Jörg, Hans (1999): Meine Begegnung mit Freinet und der Freinet-Pädagogik. In: Achim Hellmich, Peter Teigeler (Hrsg.): Montessori-, Freinet-, Waldorfpädagogik. Weinheim: Beltz, S. S. 93–113.

Klein, Lothar / Vogt, Herbert (1998): Freinet-Pädagogik in Kindertageseinrichtungen. Entdeckendes Lernen oder „Vom Hunger nach Leben". Freiburg/Breisgau: Herder.

Klug, Wolfgang (2001): Erfolgreiches Kita-Management. Unternehmens-Handbuch für LeiterInnen und Träger von Kindertagesstätten. München: Reinhardt.

Laevers, Ferre (Hrsg.) (1997): Die Leuvener Engagiertheits-Skala für Kinder. LES-K. Fachschule für Sozialpädagogik, Erkelenz.

Laewen, Hans-Joachim / Andres, Beate (Hrsg.) (2002): Forscher, Künstler, Konstrukteure. Werkstattbuch zum Bildungsauftrag von Kindertageseinrichtungen. 3. Aufl., Weinheim: Beltz.

Michaelis, Richard / Haas, Gerhard (1994): Meilensteine der frühkindlichen Entwicklung – Entscheidungshilfen für die Praxis. In: Hans G. Schlack u. a. (Hrsg.): Praktische Entwicklungsneurologie, München: Marseille.

Montada, Leo (2002): Die geistige Entwicklung aus der Sicht Jean Piagets. In: Rolf Oerter, Leo Montada (Hrsg.): Entwicklungspsychologie. Weinheim: Beltz, S. 418-442.

Preissing, Christa (Hrsg.) (2003): Qualität im Situationsansatz. Qualitätskriterien und Materialien für die Qualitätsentwicklung in Kindertageseinrichtungen. Weinheim: Beltz.

Rugor, Regina / von Studzinski, Gundula (2003): Qualitätsmanagement nach der ISO-Norm. Weinheim: Beltz.

Schäfer, Gerd E. (o. Jg.). Beobachten und Dokumentieren als Aufgabe der Bildungsvereinbarung. Verfügbar unter: http://www.uni-koeln.de/ew fak/paedagogik/fruehekindheit/texte/BeobachtenUndDokumentieren AlsAufgabeDerBildungsvereinbarung.pdf

Singer, Wolf (2001): Was kann ein Mensch wann lernen? Vortrag anlässlich des ersten Werkstattgesprächs der Initiative „McKinsey bildet" in der Deutschen Bibliothek. Frankfurt am Main, 2001. Verfügbar unter: http://www. mpih-frankfurt.mpg.de/global/np/mckinsey.htm

Spitzer, Manfred (2002): Geist im Netz – Modelle für Lernen, Denken und Handeln. Heidelberg: Spektrum Akademischer Verlag.

Strätz, Rainer (2003): Ergebnisse der neurobiologischen Forschung – Teil 2. KiTa aktuell MO. Nr. 10, S. 211–213.

Strätz, Rainer / Hermens, Claudia / Fuchs, Ragnhild / Kleinen, Karin / Nordt, Gabriele / Wiedemann, Petra (2003): Qualität für Schulkinder in Tageseinrichtungen. Ein nationaler Kriterienkatalog. Weinheim: Beltz.

Tietze, Wolfgang / Viernickel, Susanne (Hrsg.) (2003): Pädagogische Qualität in Tageseinrichtungen für Kinder. Ein nationaler Kriterienkatalog. (mit Beiträgen von Irene Dittrich, Stefanie Gödert, Katja Grenner, Bernd Groot-Wilken, Verena Sommerfeld, Wolfgang Tietze, Susanne Viernickel), 2. unv. Aufl., Weinheim: Beltz.

Ulich, Michaela / Mayr, Toni (2003a): SISMIK (Sprachverhalten und Interesse an Sprache bei Migrantenkindern in Kindertageseinrichtungen). Beobachtungsbogen und Begleitheft. Freiburg: Herder.

Ulich, Michaela / Mayr, Toni (2003b): Die Sprachentwicklung von Migrantenkindern im Kindergarten – der Beobachtungsbogen SISMIK. KiTa Spezial, 1, S. 24–27.

Voß-Rauter, Helga (1999): Heterogene Klassen und die Montessori-Pädagogik. In: Achim Hellmich, Peter Teigeler (Hrsg.): Montessori-, Freinet-, Waldorfpädagogik. Weinheim: Beltz, S. 87–90.

8.2 Bildungspläne und Bildungsprogramme der Bundesländer

(Stand: Oktober 2004)

Vereinbarung zum Orientierungsplan für Bildung und Erziehung in Tageseinrichtungen für Kinder in Baden-Württemberg (2004)
Download: http://sozialministerium.baden-uerttemberg.de/sixcms/media.php/1013/Orientierungsplan.pdf

Bayerisches Staatsministerium für Arbeit und Sozialordnung/ Staatsinstitut für Frühpädagogik (Hrsg.) (2003): Der Bayerische Bildungs- und Erziehungsplan für Kinder in Tageseinrichtungen bis zur Einschulung. Entwurf für die Erprobung
Form: Buch, 324 Seiten. Weinheim: Beltz-Verlag. ISBN 3-407-56241-1 (14,90 Euro)

Download: http://www.stmas.bayern.de/familie/kinderbetreuung/bep.htm
Als PDF oder Zip-File

Berliner Senatsverwaltung für Bildung, Jugend und Sport (Hrsg.) (2003):
Berliner Bildungsprogramm für die Bildung, Erziehung und Betreuung
von Kindern in Tageseinrichtungen bis zu ihrem Schuleintritt
Form: Broschüre, 97 Seiten und Buch, 130. Seiten. Berlin: Verlag das netz
(14,90 Euro)
Bezugsquellen: Broschüre über Herausgeber, Beuthstr. 6–8, Berlin-Mitte;
Buch über Buchhandel oder direkt beim Verlag: verlag das netz, Wilhelm-
Kuhr-Str. 64, 13187 Berlin. Tel.: 030/48096536
Download: http://www.senbjs.berlin.de/bildung/bildungspolitik/berliner_
bildungsprogramm/berliner_bildungsprogramm_2004.pdf

Ministerium für Bildung, Jugend und Sport des Landes Brandenburg
(Hrsg.) (2004): Grundsätze elementarer Bildung in Einrichtungen der Kin-
dertagesbetreuung im Land Brandenburg
Form: Broschüre, erhältlich über Herausgeber, Ref. 42, PF 900161, 14437
Potsdam
Download: http://www.brandenburg.de/sixcms/media.php/1234/bildungs-
grundsaetze.pdf

Rahmenplan für Bildung und Erziehung im Elementarbereich (ohne Hrsg.
und Jahr)
http://ev.kiki-bremen.de/cms/HB_Bildungsplan.pdf

Arbeitsgruppe Frühpädagogik an der Universität Rostock (2004): Entwurf
Bildungsplan für die pädagogische Arbeit mit Fünfjährigen in Kindertages-
einrichtungen des Landes Mecklenburg-Vorpommern
Download: http://www.sozial-mv.de/doku/Bildungsplan.pdf

Niedersächsisches Kultusministerium (Hrsg.) (2004): Orientierungsplan
für Bildung und Erziehung im Elementarbereich niedersächsischer Tageseinrichtungen für Kinder. Diskussionsfassung
http://cdl.niedersachsen.de/blob/images/C3374461_L20.pdf

Ministerium für Schule, Jugend und Kinder des Landes Nordrhein-Westfalen (Hrsg.) (2003): Bildungsvereinbarung Nordrhein-Westfalen. Fun-
dament stärken und erfolgreich starten
Download: http://www.bildungsportal.nrw.de/BP/Service/broschueren/bil-
dungsvereinbarung/download.pdf

Ministerium für Bildung, Frauen und Jugend (Hrsg.) (2004): Bildungs-
und Erziehungsempfehlungen für Kindertagesstätten in Rheinland-Pfalz
Form: Buch, 120 Seiten. Weinheim: Beltz-Verlag. ISBN 3-407-56286-1 (9,90
Euro)

Download (nur lesen und speichern, kein Ausdruck möglich): http://www. mbfj.rlp.de/downloads/bildungs-und-erziehungsempfehlungen.pdf

Ministerium für Bildung, Kultur und Wissenschaft (Hrsg.) (2004): Bildungsprogramm für saarländische Kindergärten. Ein Entwurf zur Erprobung in der Praxis
Form: Broschüre, erhältlich über Herausgeber, Ref. B2, Hohenzollernstraße 60, 66117 Saarbrücken
Download: http://www.bildung.saarland.de/BildProgKigaSaar.pdf

Thüringer Ministerium für Soziales, Familie und Gesundheit / Thüringer Kultusministerium (Hrsg.) (2003): Leitlinien frühkindlicher Bildung
Form: Broschüre, erhältlich über Herausgeber, Referat M2 Presse/Öffentlichkeitsarbeit, Werner-Seelenbinder-Str. 6, 99096 Erfurt
Download: http://www.thueringen.de/imperia/md/content/tmsfg/aktuell/ 5.pdf

Projektgruppe bildung:elementar, Martin-Luther-Universität Halle-Wittenberg (2004): Entwurf Bildung als Programm für Kindertageseinrichtungen in Sachsen-Anhalt
Download: http://www.bildung-elementar.de/

Ministerium für Bildung, Wissenschaft, Forschung und Kultur des Landes Schleswig-Holstein (Hrsg.) (2004): Erfolgreich starten – Leitlinien zum Bildungsauftrag von Kindertageseinrichtungen (September 2004)
Form: Broschüre, erhältlich über Ministerium für Bildung, Wissenschaft, Forschung und Kultur des Landes Schleswig-Holstein, Brunswiker Str. 16–22, 24105 Kiel
Download: http://landesregierung.schleswig-holstein.de/coremedia/generator/ Aktueller_20Bestand/MBWFK/Information/PDF/KITA-Leitlinien,property= pdf.pdf

Spiele-Soziogramm: Spiel-Partnerschaften

Gruppe: ....   Erzieherin: ....

Anzahl von Einzelbeobachtungen: ....

Zeitraum der Beobachtung: ....

Name des Kindes	K1	K2	K3	K4	K5	K6	K7	K8	K9	K10	K11	K12	K13	K14	K15			
K1																		
K2																		
K3																		
K4																		
K5																		
K6																		
K7																		
K8																		
K9																		
K10																		
K11																		
K12																		
K13																		
K14																		
K15																		
Summe Spielpartner																		
davon .... Mädchen																		
davon .... Jungen																		
Bevorzugte Spielpartner																		

Die Matrix nur einseitig ausfüllen. Für jede Beobachtungssituation (empfohlen > 10) pro Kind aus der Raumskizze übernehmen, welche Spielpartner es hatte bzw. in wessen räumlicher Nähe es gespielt hat. Das Spiele-Soziogramm kann neben der Auswertung nach Anzahl u. Geschlecht der Spielpartner auch z. B. im Hinblick auf das Alter der Spielpartner ausgewertet werden.

Raum für Notizen:

Spiele-Soziogramm: Spielorte

Gruppe: .... Erzieherin: ....

Anzahl von Einzelbeobachtungen: ....

Zeitraum der Beobachtung: .... Datum: ....

Name des Kindes	Spielort A:	Spielort B:	Spielort C:	Spielort D:	Spielort E:	Spielort F:	Spielort G:	Spielort H:	Bevorzugte Spielorte/Kind
K1									
K2									
K3									
K4									
K5									
K6									
K7									
K8									
K9									
K10									
K11									
K12									
K13									
K14									
K15									
Summe Kinder/ Spielort									
davon .... Mädchen									
davon .... Jungen									

Für jede Beobachtungssituation (empfohlen > 10) pro Spielort aus der Raumskizze übernehmen, welche Kinder sich dort aufhielten. Das Spiele-Soziogramm: Spielorte kann neben der Auswertung nach Anzahl und Geschlecht der Kinder auch z. B. im Hinblick auf das Alter der in den jeweiligen Spielorten aktiven Kinder oder die bevorzugten Spielorte einzelner Kinder ausgewertet werden.

Kontakt-Soziogramm

Gruppe: .... Erzieherin: ....

Anzahl von Einzelbeobachtungen: ....

Zeitraum der Beobachtung: .... Datum: ....

Name des Kindes	K1	K2	K3	K4	K5	K6	K7	K8	K9	K10	K11	K12	K13	K14	K15	Anzahl aktiver Wahlen
K1																
K2																
K3																
K4																
K5																
K6																
K7																
K8																
K9																
K10																
K11																
K12																
K13																
K14																
K15																
Anzahl passiver Wahlen																

Zeilen = Aktive Wahlen: Kind sucht den Kontakt zu den mit X markierten Kindern Spalten= Passive Wahlen: Kind wird von den mit X markierten Kindern als Spiel- oder Interaktionspartner gewählt

Die Matrix muss für jedes Kind nur einmal ausgefüllt werden. Die passiven Wahlen können daraus berechnet werden.